DE LA CONSTRUCTION ET DE L'EMPLOI

DU

MICROSCOPE

PAR LE DOCTEUR

ADOLPHE HANNOVER

(DE COPENHAGUE)

TRADUCTION APPROUVÉE PAR L'AUTEUR

ILLUSTRÉE DE VINGT FIGURES INTERCALÉES DANS LE TEXTE,
DE DEUX PLANCHES GRAVÉES,
ET AUGMENTÉE D'UN TABLEAU MICROMÉTRIQUE,

PUBLIÉE ET ANNOTÉE PAR

CHARLES-CHEVALIER

INGÉNIEUR-OPTICIEN.

(Lauréat Médailles d'Or)

PREMIER CONSTRUCTEUR, EN FRANCE, DES MICROSCOPES ACHROMATIQUES (1823)
AUTEUR DU MANUEL DU MICROGRAPHE, ETC.

PARIS

CHARLES-CHEVALIER, PALAIS-ROYAL, 158

BAILLIÈRE, LIBRAIRE
Rue Hautefeuille, n° 19.

BORET, LIBRAIRE
Rue Hautefeuille, n° 12.

1853

DE LA CONSTRUCTION

ET DE

L'EMPLOI DU MICROSCOPE

PARIS. — IMPRIMERIE SIMON DAUTREVILLE ET C°,
rue Neuve-des-Bons-Enfants 5.

DE LA CONSTRUCTION ET DE L'EMPLOI

DU

MICROSCOPE

PAR

Le Docteur ADOLPHE HANNOVER

(DE COPENHAGUE)

TRADUCTION APPROUVÉE PAR L'AUTEUR

ILLUSTRÉE DE VINGT FIGURES INTERCALÉES DANS LE TEXTE,
DE DEUX PLANCHES GRAVÉES,
ET AUGMENTÉE D'UN TABLEAU MICROMÉTRIQUE,

PUBLIÉE PAR

CHARLES-CHEVALIER

INGÉNIEUR-OPTICIEN.

(Lauréat Médailles d'Or)

PREMIER CONSTRUCTEUR, EN FRANCE, DES MICROSCOPES ACHROMATIQUES (1823)
AUTEUR DU MANUEL DU MICROGRAPHE, ETC.

PARIS

CHARLES-CHEVALIER, PALAIS-ROYAL. 158

BAILLIÈRE, LIBRAIRE
Rue Hautefeuille, n° 19.

RORET, LIBRAIRE
Rue Hautefeuille, n° 12.

1853

PRÉFACE.

———

Je désire que ce volume puisse servir de guide,
non-seulement à ceux qui déjà possèdent un
microscope et ont acquis une certaine habitude
des observations microscopiques, mais aussi aux
personnes qui n'ont que de rares occasions d'employer cet instrument, et se contentent, en conséquence, le plus souvent, de simples esquisses ou
descriptions des objets microscopiques ; car, bien
que l'emploi fréquent du microscope soit le meilleur moyen d'en apprendre le maniement, les renseignements écrits sont souvent utiles, soit pour
poser des règles et indiquer des manœuvres qui
échapperaient autrement à l'attention de l'observateur, soit pour lui épargner le temps et la peine
que réclame généralement l'expérience. Bien plus,
j'ai, plus d'une fois, eu occasion de remarquer,
quoique cela puisse paraître singulier, que ceux-
là mêmes auxquels l'usage du microscope est fa-

milier, manquent de connaissances théoriques et ignorent les principes sur lesquels est basée la construction de l'instrument. J'ose espérer que cet ouvrage paraîtra utile à cette classe plus nombreuse de personnes qui, ne faisant pas elles-mêmes les recherches microscopiques, doivent conséquemment se contenter de simples dessins et de descriptions. Ces personnes pourront peut-être tirer profit de la partie pratique non moins que des détails théoriques de ce livre, puisqu'elles seront d'autant plus capables de juger l'exactitude d'une observation microscopique, qu'elles auront appris la manière dont elle aura été faite, et comprendront les difficultés qu'elle présente et les moyens qui ont permis de les surmonter. J'ai encore l'espoir que mon ouvrage ne sera pas tout-à-fait sans intérêt pour ceux mêmes qui ne s'adonnent pas spécialement aux sciences naturelles ou médicales, puisqu'il donne des renseignements sur un instrument d'un usage si étendu et que l'on peut considérer non-seulement comme étant indispensable à quiconque s'occupe d'une branche des sciences naturelles, mais encore très fréquemment applicable aux besoins ordinaires de la vie.

Ces raisons m'ont engagé à donner à ce livre une forme plus populaire et à le rendre aussi pratiquement utile que possible. En conséquence, la partie théorique ne contient que les principes de la dioptrique et de la catoptrique, sans lesquels on ne pourrait comprendre la structure du microscope ; la section où il est traité de ces matières ne contient que ce qui est relatif à l'explication de l'appareil dont on se sert aujourd'hui, quoique, dans le but de compléter l'ouvrage, j'y aie joint une esquisse historique de la manière dont chaque partie du microscope est construite et disposée. Les renseignements sur l'usage du microscope sont donnés *in extenso*, parce qu'ils constituent la section la plus importante de l'ouvrage ; et comme le microscope composé dioptrique est de nos jours le plus employé, mes recherches lui sont exclusivement consacrées.

En conséquence, j'ai pensé qu'il était inutile de donner la description détaillée des instruments et appareils dont on ne fait plus usage et qui ne présentent d'intérêt, au point de vue technique, qu'à ceux qui les construisent ou désirent, au moyen de *test-objects* ou autrement, rechercher les aberrations chromatiques et sphériques des lentilles, leur défaut de centrage, le pouvoir définissant et pénétrant du microscope, l'angle d'ouverture de l'objectif et sa distance à l'objet, etc. Toutefois, une grande pratique est nécessaire pour diriger l'observateur dans un pareil examen. Par la même raison, je me suis abstenu de porter aucun jugement sur les microscopes des différents constructeurs. On peut acquérir des microscopes à divers prix, et presque tous les cons-

tructeurs, tels que Schiek, Plössl, Charles-Chevalier, Oberhauser, Brunner, Pritchard, Amici, etc.,
établissent leurs instruments avec tant de soins
et d'habileté, qu'il est difficile de dire quel est le
meilleur. Si un microscope mérite la préférence
en raison du mécanisme de ses diverses parties,
un autre l'emportera par sa disposition optique ;
tel microscope rendra de meilleurs services qu'un
autre, pour l'étude des corps transparents ou opaques ; ou bien, la tendance d'un observateur lui
fera désirer que le mécanisme ou la combinaison
optique de son instrument soit disposée plus particulièrement pour tel ou tel genre de recherches. En outre, lorsqu'on donne son avis sur
le choix d'un microscope, on est entraîné par la
préférence que l'on accorde aux instruments d'un
constructeur, à recommander celui dont on a coutume de se servir. La pratique journalière avec un
même instrument, nous conduit naturellement à
négliger ou à nous familiariser avec des imperfections dont nous apprenons à compenser l'effet. Le
meilleur microscope est celui qui fait voir, avec
une faible amplification, les objets plus distinctement que d'autres appareils munis d'amplificateurs plus puissants et qui montre le plus nettement toute espèce d'objets. Lorsque le microscope
n'est pas absolument mauvais, sa bonté relative
est moins importante que la puissance visuelle de
l'observateur. Les recherches microscopiques de

Leeuwenhoeck, faites avec des instruments très imparfaits, à notre point de vue, fournissent un singulier exemple de ce que peut faire, malgré de tels obstacles, un œil pénétrant et exercé (1).

La première planche contient les appareils les plus nécessaires ou les plus usités, sans que l'on ait eu l'intention de recommander comme indispensables tous les instruments figurés. Ceci, du reste, sera démontré évidemment par les descriptions. Dans la seconde planche, on trouvera le modèle du microscope le plus fréquemment employé de nos jours.

Que cet ouvrage contribue à vulgariser l'usage d'un instrument à l'égard duquel je crois avoir depuis long-temps excité quelque intérêt parmi mes concitoyens, et j'aurai complètement atteint le but que je me suis proposé en le publiant.

L'AUTEUR.

Copenhague.

---

(1) Il y a dans la traduction anglaise : *Unfettered*, dont on a ôté les fers, qui n'est pas enchaîné.

(*Note du traducteur.*)

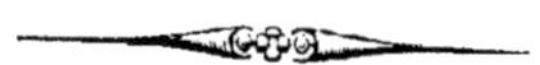

Le livre du docteur Hannover est l'œuvre d'un savant cons-
ciencieux, aussi suis-je heureux d'avoir obtenu son approba-
tion sur plusieurs points de mon *Manuel du Micrographe,* publié
en 1839. Je n'ai pas toujours eu la même satisfaction, car de
soi-disant inventeurs, même en ce pays, *n'ont pas pris la
peine de se rappeler* l'origine de certaines découvertes dont parfois ils s'attribuent tout le mérite, et parmi lesquelles je puis
citer : la première construction des lentilles achromatiques à
court foyer, les doublets, les objectifs variables *à faible grossissement,* le *microscope à prismes redresseurs* pour les dissections; le *microscope diamant,* le *microscope chimique,* des procédés micrométriques, diverses applications de la chambre
claire, etc.

Cet ouvrage a obtenu un grand succès en Allemagne et en
Angleterre. J'ose espérer que les amateurs et les savants feront bon accueil à la traduction française.

CHARLES-CHEVALIER.

Paris, 1855.

OBSERVATIONS PRÉLIMINAIRES.

L'œil ne voit distinctement un objet que lorsqu'une image bien nette de cet objet est formée sur la rétine. Pour que cela ait lieu, chacun des pinceaux lumineux émanés des différents points de l'objet, doit être concentré dans autant de points correspondants de la rétine; si les pinceaux de rayons se réunissent, soit au-devant, soit derrière cette membrane, l'image, de même que l'objet, ne sera pas distincte. Tant que l'objet est situé à une grande distance, les rayons qui en proviennent doivent être considérés comme parallèles, et les pinceaux lumineux s'entrecroiseront sur la rétine, derrière la lentille oculaire. Mais que l'objet se rapproche et, par suite, que les rayons deviennent divergents, l'œil et ses milieux réfringents devront se modifier suivant les différentes distances de l'objet, de telle façon qu'une image bien nette de cet objet tombe précisément sur la rétine. La faculté d'*adaptation*, toutefois, est limitée particulièrement pour de petits objets rapprochés, et il y a une certaine distance à laquelle ces petits objets, éclairés modérément, peuvent être placés sans cesser d'être distincts. On nomme cette distance : *Distance de la vision distincte.*

Cette distance varie avec les individus. L'œil normal peut généralement lire des caractères d'une grandeur ordinaire à la distance de huit ou dix pouces; un myope peut rapprocher beaucoup plus le livre de ses yeux sans que la vision perde de sa netteté, parce que les parties transparentes de son œil ont un pouvoir réfringent plus considérable et réunissent les rayons très divergents qui produisent le trouble de la vision chez les presbytes lorsque l'objet est placé trop près des yeux. Réciproquement, un presbyte pourra éloigner l'objet sans qu'il cesse d'être distinct, car les milieux transparents de son œil ont un plus faible pouvoir réfringent et ne peuvent réunir que les rayons parallèles ou peu divergents émis par un objet plus éloigné. Ces variations dans les yeux des différents individus sont la cause des différences dans la distance de la vision distincte. Elle a été limitée par Brewster à cinq (1), mais par d'autres à quinze pouces (2). Toutefois, ainsi que nous l'avons dit, la distance ordinaire est de huit à dix pouces (3). Nous verrons bientôt que la détermination de cette distance est fort importante pour la micrométrie. Dans les recherches microscopiques, nous adopterons avec l'opticien français Charles-Chevalier, l'évaluation de vingt-cinq centimètres (environ neuf pouces). Elle mérite la préférence en raison de sa forme décimale, lorsqu'on emploie une division métrique convenable ; mais le manque d'uniformité fait sentir son influence sur la détermination des grandeurs microscopiques comme dans toutes les autres estimations numériques usuelles.

Nous nous faisons une opinion de la grandeur d'un objet, d'après l'angle que forment les rayons de lumière partis de ses points extrêmes, lorsqu'ils s'entrecroisent der-

(1) 0^m,13535.
(2) 0^m,40605.
(3) 0^m,21656 à 0^m,27070.

rière la lentille oculaire. On donne à cet angle le nom
d'*angle visuel*. Tous les objets vus sous le même angle visuel, paraissent de la même grandeur. Ainsi, les objets
A, B, C, nous paraissent égaux, parce que l'angle visuel

Fig. 1.

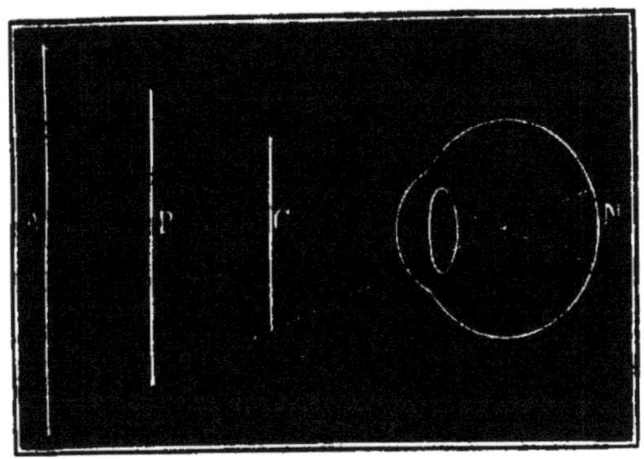

est le même, et l'espace occupé par l'image sur la rétine N
ne varie pas, quoique l'éloignement des objets soit différent et que les objets eux-mêmes soient de grandeurs inégales. Si nous regardons un même objet en nous plaçant à
différentes distances, il paraîtra plus grand ou plus petit,
suivant qu'il sera plus ou moins rapproché de l'œil. Cela
dépend également de la grandeur de l'angle visuel. Regar-

Fig. 2.

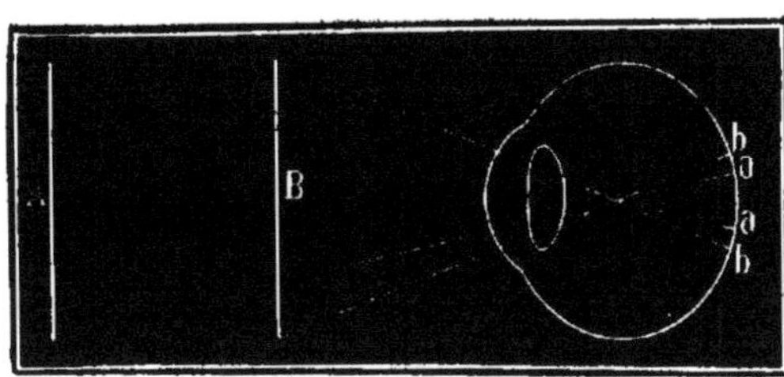

dons, par exemple, la ligne A ; nous estimerons sa grandeur
d'après celle de son image sur la rétine *a a* ou d'après

l'angle sous-tendu par l'arc, et opposé à l'angle visuel ; si nous voulons voir l'objet plus grand, avec le même éclairage, nous le rapprochons de l'œil en B, car alors l'angle visuel devient plus grand et conséquemment l'image $b\,b$ sur la rétine, devient plus grande que $a\,a$. La grandeur apparente de deux lignes est donc en proportion inverse de leurs distances à l'œil ; et comme un plan s'étend en deux sens, l'extension apparente de deux plans égaux est en proportion inverse des carrés de leurs distances.

D'après ce qui précède, il semblerait que nous aurions la faculté de voir les objets amplifiés en les rapprochant de plus en plus de nos yeux ; mais ici nous rencontrons une limite. Si l'objet est placé trop près de l'œil, ou, en d'autres termes, trop en-deçà des limites de la vision distincte, il cesse d'être vu distinctement, parce que les rayons de lumière sont trop divergents. Néanmoins un myope peut réunir ces rayons, et, en conséquence, obtenir une image distincte qui, en même temps, lui semblera plus grande qu'elle ne paraîtrait à un presbyte ; donc, le premier verra mieux de petits objets que le second. Actuellement, ce qui est vrai pour l'image formée par l'œil nu, est également applicable à l'image produite à l'aide des instruments amplificateurs. Un grossissement donné semblera moindre à un myope dont la vision distincte s'exerce à cinq pouces seulement, qu'à un presbyte (1).

Afin de voir un objet amplifié sans diminuer sa netteté en l'approchant trop près de l'œil, nous plaçons cet organe dans les conditions de myopie, en rendant les rayons trop divergents parallèles ou presque parallèles. L'examen de

______

(1) 0^{m},13535.

la structure de l'œil nous enseigne naturellement un des
moyens de parvenir à ce but. Entre l'œil et l'objet nous
plaçons un corps transparent dont les surfaces ont la propriété de changer la direction des rayons lumineux, en
sorte que de divergents ou parallèles, ils deviennent convergents. Un tel corps se nomme *une lentille*; mais nous
appliquons la même dénomination à des corps qui chan-
gent les rayons convergents ou parallèles en rayons divergents. Suivant leurs diverses surfaces, on distingue les lentilles en : A bi-convexe, B bi-concave, — les surfaces peu-

Fig. 3.

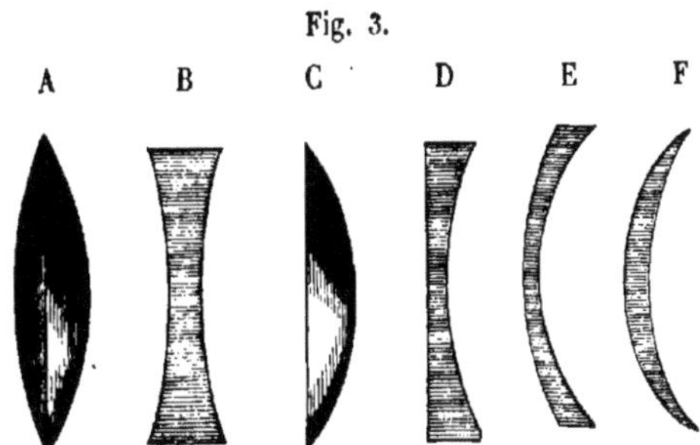

vent être des portions de sphères de rayons égaux ou iné-
gaux. — C plano-convexe, une face étant plane et l'autre
convexe ; D plano-concave, une surface plane, l'autre
concave ; E concavo-convexe, une surface concave, l'autre
convexe et ne pouvant jamais s'entrecouper, quelle que
soit la distance à laquelle on les prolonge ; ou bien elles
sont périscopiques F, formant un ménisque dont une surface est concave, l'autre convexe, mais qui s'entrecoupent
lorsqu'on les prolonge. La section d'une de ces dernières
lentilles a donc la forme d'un croissant.

Dans les pages suivantes, nous porterons toute notre attention sur les lentilles de verre, substance dont elles sont
ordinairement formées. Afin de comprendre la *réfraction*

des rayons lumineux, qui est l'objet de la dioptrique, il est d'abord nécessaire d'examiner leur réfraction dans les corps transparents à surfaces planes.

Tant qu'un rayon traverse un même milieu, il poursuit son chemin en droite ligne et sans interruption. S'il rencontre, à angle droit, un corps transparent, il suit encore la même direction. Mais, lorsqu'au contraire il frappe sa surface sous un autre angle, il est réfracté. Ceci a lieu également quand le nouveau corps présente une surface plane ou une surface courbe ; car, dans le dernier cas, la direction est déterminée par la tangente perpendiculaire au rayon de la surface courbe. La direction que prend le rayon lumineux dépend de la densité des corps. Lorsque des rayons passent d'un milieu plus rare dans un milieu plus dense, ils se rapprochent du rayon que l'on suppose perpendiculaire au nouveau milieu ; lorsque le passage a lieu d'un milieu plus dense dans un autre plus rare, ils s'éloignent de ce rayon perpendiculaire. Soit, par exemple, le rayon oblique A B,

Fig. 4.

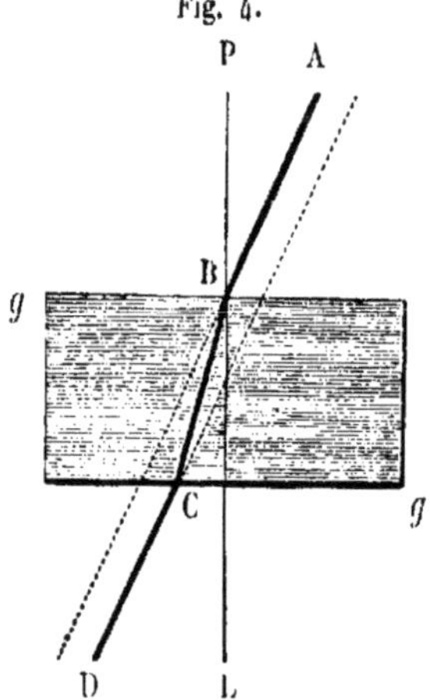

passant de l'air dans une lame de verre *g g*, il se rappro-

chera de la perpendiculaire P L et suivra la direction B C ;
lorsque du verre , milieu plus dense , il repasse dans l'air,
il s'éloigne de la perpendiculaire et marche suivant C, D.
Si les surfaces du verre *g g* sont parallèles, **C D** sera également parallèle à **A B**, en d'autres termes , le rayon réfracté poursuivra sa course parallèlement au rayon incident. Quand, au contraire , les surfaces ne sont pas parallèles, le parallélisme des rayons incident et réfracté n'existe
plus. Ceci a lieu dans le cas où les rayons traversent un

Fig. 5.

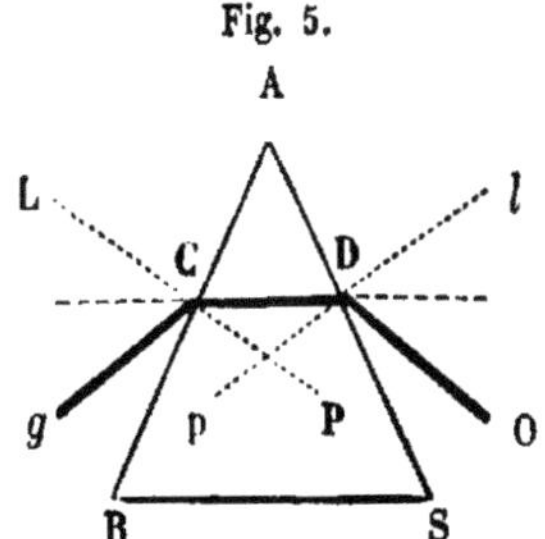

prisme triangulaire. Si le rayon *g* C rencontre obliquement la surface **A B**, il se rapproche de L P perpendiculaire à **A B** et marche suivant C D ; mais passe-t-il du
prisme dans l'air, il s'éloigne de *l p* perpendiculaire à **A S**
et se dirige suivant **D O** qui n'est pas parallèle au rayon incident *g* C. Il en résulte que l'œil placé en **O**, voit l'objet *g*
dans la direction **O D**. Les deux surfaces **A B** et **A S** que
traversent les rayons, forment *l'angle réfringent* **A**, et le
côté opposé **B S** est *la base du prisme*.

La réfraction des rayons lumineux dans une lentille, suit
les mêmes lois que la réfraction à travers un prisme triangulaire. Nous examinerons le cas le plus simple , dans lequel des rayons parallèles tombent perpendiculairement
sur la surface plane d'une lentille plano-convexe, dont la con-

vexité est le segment d'une sphère ayant C S pour rayon.

Fig. 6.

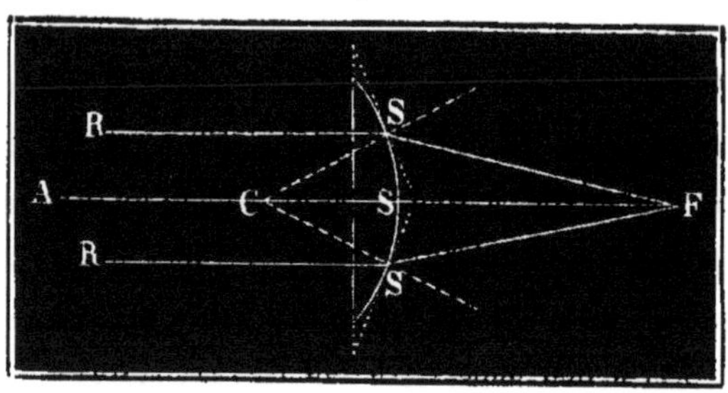

Les rayons lumineux R S, A S et R S traversent parallèlement la lentille jusqu'à ce qu'ils rencontrent la surface
convexe. Le rayon A S prend le nom d'*axe*, parce qu'il
suit l'*axe de la lentille*, ou la ligne que l'on suppose me-
née par les centres des deux surfaces du verre. Comme
le rayon C S est perpendiculaire à la tangente, il suit
directement sa route vers F. Ainsi que dans le prisme,
les rayons extrêmes R S, R S, ne conservent plus leur
parallélisme et s'éloignent simultanément de la perpendiculaire ou rayon C S. Ils convergent vers le point F. Ce
point, où se réunissent les rayons parallèles, se nomme *le
foyer de la lentille*. Pour une lentille plano-convexe, *le
centre optique* est situé au point où l'axe rencontre la surface convexe ; dans une lentille bi-convexe, il se trouve
au centre même du verre, lorsque les deux convexités
sont égales. On nomme *distance focale*, la distance du
foyer au centre optique de la lentille ; son étendue dépend
de la substance dont est formée la lentille et des courbures
des surfaces ; plus est grand le pouvoir réfringent de cette
substance et plus les courbures sont prononcées, plus la
distance focale d'une lentille convexe sera petite.

La figure suivante fera comprendre clairement la marche de plusieurs rayons à travers une lentille bi-convexe.

Fig. 7.

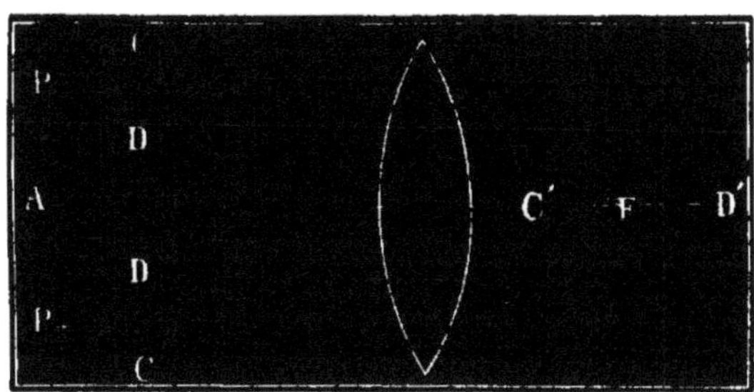

Si les rayons **P, A, P,** parallèles entre eux et à l'axe, traversent une lentille bi-convexe, ils seront réfractés par les deux surfaces convexes et réunis au foyer **F.** Si les rayons **D D** rencontrent la lentille en divergeant, ils s'entrecroiseront de l'autre côté du verre, au point **D'** situé plus loin que le foyer. Plus la lentille est rapprochée du point d'où émanent les rayons, plus le point de réunion sera éloigné de l'autre côté de la lentille, et si ce point coïncide avec le foyer de la lentille, les rayons deviendront parallèles et conséquemment ne se rencontreront jamais. Enfin, ils deviennent divergents, lorsque le point d'où ils divergent est placé entre la lentille et son foyer. Si les rayons **C C** deviennent convergents, ils se rencontreront au point **C'**, entre la lentille et son foyer. Plus le point où les rayons divergents se rencontreraient s'ils marchaient en sens inverse, est éloigné de la lentille, plus leur point d'entrecroisement sera rapproché du foyer du verre, car leur divergence se rapproche de plus en plus du parallélisme, et ce point finira par se confondre avec le foyer de la lentille.

Quand les rayons qui traversent une lentille bi-convexe seront parallèles, bien qu'ils tombent obliquement sur l'axe, ils se réuniront en des points placés dans la même direction que le rayon central ou axe des rayons obliques.

La réfraction au travers des sphères a lieu absolument de la même manière que pour les lentilles bi-convexes à surfaces de même courbure, seulement la réfraction est plus forte et le foyer est conséquemment plus rapproché de la sphère. La réfraction peut être tellement forte, que le foyer tombe à l'intérieur même de la lentille; c'est ce qui arrive dans une sphère de diamant; donc on ne pourrait construire des amplificateurs avec cette matière (1).

Les lentilles concaves suivent les mêmes lois que les lentilles convexes, mais la direction des rayons est ici tout-à-fait inverse. Si les rayons R R sont parallèles entre eux et

Fig. 8.

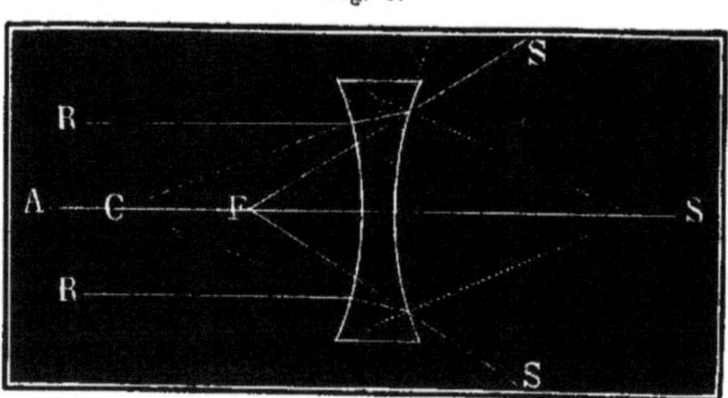

à l'axe **AS**, ils divergeront; l'axe **AS**, qui coïncide avec le rayon de courbure dont le centre est en C, traverse la lentille sans être réfracté. Les rayons partis de **R R** sont d'abord réfractés vers le rayon perpendiculaire à la tangente; mais lorsqu'ils sortent du verre, la réfraction les éloigne du rayon perpendiculaire à la tangente de la seconde courbure du verre, qui, dans le cas actuel, est égale à la première, et enfin, les rayons divergent vers **SS**. On nomme le point **F**, *foyer virtuel ou négatif;* c'est celui où se réuniraient les rayons divergents si on les considère en

(1) Ceci est vrai pour les sphères mais non pour les lentilles. On a fait d'excellentes lentilles avec les pierres précieuses, ainsi que nous le verrons plus loin.　　　　　　　　　　　　　　　　C.-C.

sens inverse. Si des rayons divergents tombent sur une lentille concave, ils divergeront encore plus après leur passage au travers de la lentille ; il en sera de même pour des rayons convergents, mais ils divergeront moins en quittant la lentille.

Donc, la principale propriété des lentilles convexes est de réunir les rayons lumineux, et celle des lentilles concaves, de les disperser. Les lentilles concavo-convexes et périscopiques agissent comme les lentilles concaves ou convexes, selon que c'est la surface concave ou la convexe qui est plus prononcée.

Avant d'aller plus loin, il faut que nous indiquions certains défauts que présentent les lentilles, par exemple, ceux que l'on nomme *aberrations de sphéricité et de chromaticité*. Tous les rayons ne sont pas réfractés également par les différentes portions de la lentille, comme nous avons supposé que cela se passait généralement dans tout ce qui précède ; les rayons les plus rapprochés de l'axe, ou *rayons centraux*, sont moins fortement réfractés que ceux qui tombent sur les bords de la lentille ou *rayons extrêmes ;* donc, ils se réunissent en différents foyers, et l'objet ou son image manque de netteté. On donne le nom d'*aberration de sphéricité* à cette déviation des rayons

Fig. 9.

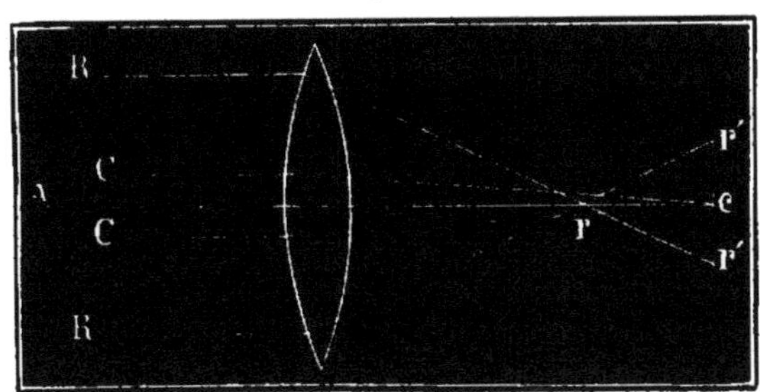

du foyer principal. On peut voir que les rayons centraux CC se réunissent en *c*, les rayons extrêmes **R R**
en *r*. La distance *r c*, sur l'axe **A** *c*, est l'*aberration longi-
tudinale ;* la distance *r'r'* ou intersection des rayons extrêmes dans un plan perpendiculaire à l'axe, prend le nom
d'*aberration latérale.* L'aberration sphérique augmente
avec la convexité de la lentille ; elle est également plus prononcée lorsque les surfaces de la lentille sont d'égale
courbure, mais elle est moindre quand les courbures sont
inégales ou lorsqu'une des surfaces est plane ou elliptique;
donc, elle est aussi moins sensible dans les lentilles périscopiques. On obtient la proportion la plus convenable
lorsque les rayons de courbure sont entre eux comme
1 : 6. Pour détruire l'aberration sphérique, il faut intercepter les rayons extrêmes ; on y parvient en couvrant
les bords de la lentille d'une lame opaque percée dans
son centre d'une ouverture circulaire ; c'est *un diaphragme.*

Par ce moyen, l'objet ou son image se montre plus distinctement ; mais l'image est moins lumineuse, parce que
la lentille donne passage à un plus petit nombre de rayons.
L'aberration de sphéricité est encore considérablement diminuée, lorsqu'on place plusieurs lentilles sur le même
axe.

On sait que la lumière du soleil n'est pas homogène,
mais bien composée de plusieurs sortes de lumières ayant
chacune sa couleur propre, soit : violet, indigo, bleu, vert,
jaune, orangé, rouge. En traversant un corps réfringent,
la lumière est décomposée en ses parties constituantes ;
mais comme chaque couleur n'est pas également réfractée,
les rayons rouges, qui le sont moins que les autres, se

Fig. 10.

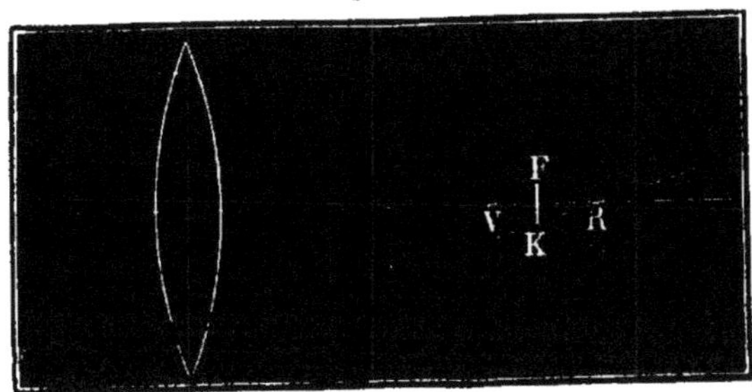

réuniront en R et conséquemment plus loin de la lentille que les violets qui éprouvent la plus forte réfraction et se réunissent donc plus tôt en V. La distance qui existe entre V et R, sur l'axe du pinceau, prend le nom d'*aberration chromatique*. Tous les autres rayons colorés sont réunis en différents points entre V et R, et lorsqu'un objet ou son image se trouve entre les points d'entrecroisement des rayons rouges ou violets, il paraîtra entouré de diverses couleurs, suivant qu'il sera plus près ou plus loin des points de réunion de ces deux couleurs. Il sera presque incolore au point d'entrecroisement des rayons rouges et violets, ou en FK qui est *le plus petit cercle de dispersion chromatique* de la lentille. C'est la base d'un cône de couleurs dont le sommet est en R. Si l'aberration sphérique est considérable, la dispersion chromatique augmente, et cela en proportion de la convexité de la lentille. On peut obvier en partie à ce défaut, en faisant traverser à la fois au rayon une lentille bi-convexe et une autre bi-concave ; par ce moyen, les rayons, convergeant de la première sur la seconde, sont forcés de diverger de nouveau, et se trouvent ainsi corrigés. Le meilleur moyen d'atteindre ce but consiste à combiner deux lentilles formées de substances dont les pouvoirs réfringents et dispersifs ne sont pas égaux. A cet effet, on fait usage de deux espèces de verres ;

Fig. 11.

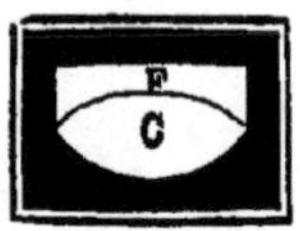

le crown-glass, plus dur, pour la lentille bi-convexe C, et
le flint-glass, plus dense (en raison de la grande quantité
de plomb qui entre dans sa composition), pour la lentille
plano-convexe ou bi-concave F. Généralement les deux
verres sont collés avec de la térébenthine ou du baume du
Canada; quelquefois on ménage un intervalle entre les
deux lentilles (Lentilles dialytiques). Deux lentilles ainsi
combinées sont *achromatiques; l'achromatisme* ou la
destruction des couleurs est une des conditions indispensables d'une bonne lentille. Jusqu'à ce jour on n'a pas encore réussi à corriger l'aberration chromatique au moyen
d'une seule lentille.

Après ces indications préliminaires, nous allons étudier
l'application des lentilles convexes au grossissement d'un
objet ou de son image.

CHAPITRE PREMIER.

DU MICROSCOPE SIMPLE.

Dans les pages précédentes, nous avons vu que plus un objet est rapproché de l'œil, plus il paraît grand, parce que l'angle visuel s'agrandit ; mais nous avons aussi remarqué qu'il y a une limite à ce rapprochement et qu'elle est déterminée par la distance de la vision distincte. Donc, tandis que l'angle visuel s'agrandit à mesure que l'objet se rapproche de l'œil, la divergence excessive des rayons venant de l'objet, empêche de le voir distinctement, et ce n'est que dans le cas où les rayons partis de tous les points de l'objet sont parallèles ou très peu divergents, que l'œil peut les réunir pour former une image sur la rétine. On produit cet effet en plaçant une lentille convexe entre l'œil et l'objet très rapproché de cet organe. Ainsi, en

Fig. 12.

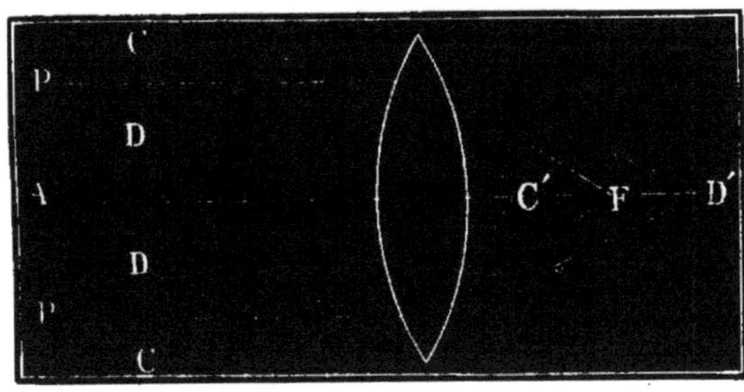

examinant la figure 12, nous voyons que les rayons partis

de **F**, deviennent parallèles après avoir traversé la lentille ;
en conséquence, si un objet est situé en **F** ou entre **F** et **C'**,
mais plus près de **F** que de **C'**, une image peut être formée
sur la rétine par des rayons parallèles ou légèrement divergents. Mais en interposant une lentille, nous pouvons voir
l'objet sous un plus grand angle visuel. Par exemple, on
ne verra pas un objet **AB**, parce qu'il est trop éloigné, ou
en d'autres termes, parce que l'angle visuel est si petit que
l'image n'impressionne pas sensiblement la rétine ; mais si
l'on place la lentille entre l'œil et l'objet, à une distance

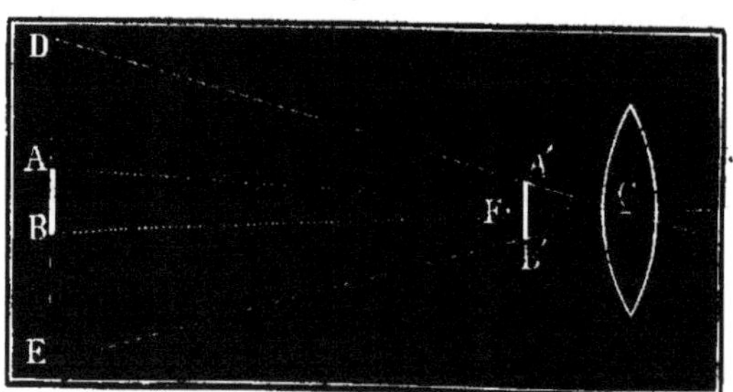

Fig. 13.

telle que les rayons, trop divergents d'abord, deviennent
parallèles ou très peu divergents, c'est-à-dire si l'objet est
amené au foyer **F** de la lentille, ou un peu en-deçà, en **A'B'**,
il est évident que l'angle **DCE** sera plus grand que l'angle
ACB et que l'objet sera vu dans la direction **CD**, **CE**, ou
sous un plus grand angle visuel, et en même temps à une
distance telle qu'il ne serait pas visible sans le secours de la
lentille (1). L'objet nous paraîtra d'autant plus grand que

(1) On admet que le plus petit angle sous lequel un objet peut être visible est d'une demi-minute à une minute ; mais, dans ce cas, ce n'est pas
seulement la forme de l'objet qu'il faut considérer, mais plus particulièrement le degré d'éclairage et le fond sur lequel est placé l'objet.

l'angle **DCE** sera plus grand que **ACB**, ou bien que la distance de **A'B'** à **C'**, ou distance focale de la lentille, sera contenue dans la distance visuelle normale qui est de $0,25^m$. On trouve conséquemment le pouvoir grossissant de la lentille, en divisant la distance de la vision distincte, par la distance focale ; plus le diviseur ou distance focale est petit, plus est grand le quotient ou pouvoir amplificateur de la lentille. Donc, plus une lentille est convexe, et par conséquent à court foyer, plus elle amplifie.

Une lentille de grandes dimensions donne passage à un nombre de rayons lumineux plus considérable et laisse voir une surface plus étendue et plus lumineuse. Le pouvoir éclairant de deux lentilles est en proportion des carrés de leurs diamètres ; mais comme il faut exclure les rayons extrêmes, en raison de l'aberration sphérique, il est nécessaire de limiter *le champ de vue* ou la surface que l'œil peut embrasser à travers la lentille munie d'un diaphragme. La bonté d'une lentille dépend beaucoup de la correction de l'aberration sphérique et de ce que l'on a convenablement limité le champ visuel, ce qui diminue le pouvoir éclairant.

Le verre est la matière le plus généralement employée à la construction des lentilles. Il doit être parfaitement homogène, exempt de bulles ou de stries, tout à la fois transparent et incolore. Les verres convexes peuvent être obtenus soit par la fusion (1), soit en les façonnant sur le tour.

Il y a deux siècles environ que Hooke (1656) et Hartsœ-

---

(1) Le procédé de la fusion n'est applicable qu'aux très petites lentilles sphériques désignées sous le nom d'engiscope.

C.-C.

ker (1674) fondirent des fils de verre en petits globules qu'ils fixèrent entre deux lames de plomb; Della Torre fondit des sphères de verre au chalumeau; Butterfield employa du verre pulvérisé qu'il chauffait dans la flamme d'une bougie sur l'extrémité d'une aiguille; Sivright fondait le globule sur un petit trou pratiqué dans une lame de platine, de manière qu'il se trouvait aussitôt enchâssé.

Cette manière de faire des lentilles a encore eu des partisans à une époque bien plus rapprochée; Lebaillif fondait en globules de petites tiges de verre, et Harting (1840) adopta la méthode de Sivright. Mais avec les globules, l'aberration de sphéricité est toujours plus grande; on peut, il est vrai, la diminuer au moyen d'un diaphragme, mais l'ouverture est alors si étroite que l'œil n'embrasse qu'une très petite partie de l'objet, qui, en outre, n'est pas assez éclairé et se trouve trop rapproché du verre. On a encore fait des lentilles avec d'autres substances; ainsi Stephen Gray, ayant remarqué que les taches formées dans les globules de verre, paraissaient considérablement amplifiées lorsqu'on plaçait le globule près de l'œil, conçut l'idée de percer un petit trou dans une lame métallique et d'y loger une goutte d'eau contenant des animalcules qui parurent grossis lorsque l'eau eut pris une forme sphérique. Hooke suivit la même idée, lorsqu'il mit une lentille de verre en contact avec un fluide et obtint ainsi une lentille formée par la combinaison d'un solide et d'un liquide. Brewster (1837) fut probablement conduit par ces essais à employer d'autres fluides dont le pouvoir réfringent était plus grand que celui de l'eau, tels que l'acide sulfu rique, l'huile de ricin, ou plus particulièrement la téré

benthine et le baume de Canada, qu'il fit sécher par gouttes
sur une seule ou sur les deux faces d'une lame de verre.
Ces lentilles pouvaient être conservées pendant toute une
année. Il fit également usage du cristallin d'ablette (*cyprinus alburnus)* et d'autres petits poissons. Bien que
l'alcool et les huiles volatiles réfractent puissamment la lumière, on ne peut s'en servir à cause de leur volatilité.
Il est évident que ces substances sont tout-à-fait impropres
à cet usage.

On fait d'excellentes lentilles avec les pierres précieuses.
Brewster fit faire deux lentilles avec un rubis et un grenat,
et, en 1813, il essaya d'en faire établir en diamant, mais ne
put trouver personne qui voulût s'en charger, jusqu'à ce
que Pritchard (1826), sous la direction de Goring, parvînt
à terminer la première lentille de diamant d'une longueur
focale de moins d'un millimètre. Les avantages que possèdent ces lentilles sont une grande puissance réfringente,
un achromatisme presque parfait et une moindre aberration de sphéricité. Cette dernière est toujours en proportion de l'augmentation de courbure de la lentille, et comme
le diamant réfracte la lumière avec une grande puissance,
on peut produire un effet égal avec une lentille de diamant dont la convexité sera plus de moitié moins forte que
celle d'une lentille de verre. On peut donc agrandir le
champ de vue en même temps que l'on augmente la distance qui sépare la lentille de l'objet. Néanmoins les lentilles de diamant n'ont pas réalisé les espérances qu'elles
avaient fait naître ; car la cristallisation de la pierre, sa
double réfraction et son action polarisante, ainsi que les
difficultés que présente surtout le polissage, fort coûteux,
s'opposent tellement à ce qu'on les utilise, que ces lentilles

n'ont pu devenir d'un usage général. Elles n'ont, au surplus, amené aucune découverte que l'on n'eût pu faire avec un bon microscope composé. Bien plus, l'emploi d'une seule lentille puissante fatigue considérablement l'œil, le champ de vue est trop étroit, et quand la lentille est très forte, la distance qui la sépare de l'objet est si petite, que l'amplificateur est presque en contact avec lui. Certainement, une lentille en pierre précieuse serait préférable à celle en verre qui est plus susceptible d'être détériorée, mais elle ne l'emporte en aucune manière sur un microscope composé. Si l'on emploie le zircon, le saphir, la topaze ou d'autres pierres douées de la double réfraction, elles devront être taillées de manière que l'axe de la lentille coïncide avec l'axe de double réfraction. Brewster préfère le grenat au rubis.

Les *lentilles sphériques (lentilles œil d'oiseau)*, dont l'idée première appartient à Brewster, furent modifiées ensuite par Coddington; elles ont une forme particulière (pl. 1, fig. 1). Ce sont des sphères de verre d'environ un quart à un demi-pouce de diamètre, rodées sur la circonférence et creusées d'une gorge profonde formant diaphragme et dans laquelle on coule parfois un mastic noir destiné à exclure les rayons qui tombent sur les bords du verre. Avec ces lentilles, on voit les objets très nettement, mais le champ visuel est très petit et la distance focale trop courte. On a tenté d'obvier à ces défauts en donnant aux surfaces sphériques des courbures différentes et moins prononcées, et en agrandissant l'ouverture du diaphragme pour augmenter le champ de vue; mais l'aberration de sphéricité augmente en même temps. D'un autre côté, on a tellement exagéré la courbure de la lentille (Stanhope), que le foyer coïncide avec la surface de la lentille, sur laquelle il faut conséquemment poser l'objet que l'on tourne vers la lumière pour l'examiner. Au surplus, ces lentilles ne sont pas très usitées, bien qu'elles aient l'avantage de pouvoir être plongées impunément dans l'eau, parce qu'elles sont formées d'un seul verre. On corrige en grande partie tous ces défauts par l'emploi des *doublets*. Wollaston fut le premier qui, en 1812, construisit un doublet périscopique, composé de deux lentilles plano-convexes de même courbure ; les faces planes étaient juxtà-posées, mais séparées par un diaphragme dont l'ouverture était égale à environ un cinquième de la longueur focale du doublet. Ce doublet a cependant le défaut d'agir comme une lentille bi-convexe, qui présente toujours plus d'aberration de sphéricité qu'une lentille plano-convexe.

Le doublet microscopique construit par Wollaston en 1828 est préférable. Cet instrument peut être comparé à deux dés, entrant l'un dans l'autre et portant tous deux une lentille plano-convexe dont la face plane est tournée vers l'objet qu'on observe. Si l'on avait placé de cette manière le côté convexe, il serait plus exposé à être sali ou détérioré. Les longueurs focales des lentilles sont dans le rapport de 3 à 1 ; la lentille la plus puissante est du côté de l'objet. Pritchard modifia l'écartement des deux verres. Bien que les aberrations de sphéricité et de chromaticité fussent presque entièrement corrigées, l'épaisseur du doublet et le peu de longueur du foyer s'opposant à ce que l'on pût disséquer les objets placés sous la lentille, Charles-Chevalier construisit un autre doublet formé de deux lentilles plano-convexes d'égale puissance, mais de diamètres différents, dont les faces planes étaient également tournées vers l'objet et que séparait un diaphragme. La plus grande lentille est la plus rapprochée de l'objet (pl. 1, fig. 2). Je préfère ce doublet à tous les autres. Cet instrument, qui n'est pas aussi épais que celui de Wollaston, donne passage à un plus grand nombre de rayons lumineux, et il y a une distance suffisante entre la lentille et l'objet. Chevalier leur donne des foyers variés. Il a encore imaginé de placer un verre concave achromatique au-dessus du doublet, pour augmenter la distance entre le verre et l'objet, tout en faisant usage d'un plus fort grossissement. Pritchard a construit des triplets d'après le même principe que celui des doublets ; la lentille supérieure est la plus faible, mais le centrage des verres est très difficile. Les plus anciennes lentilles de Wilson et de Frauenhofer peuvent aussi être considérées comme des doublets. Elles sont composées de deux lentilles plano-convexes ajustées à différentes distances dans un tube et adossées par leurs convexités. On emploie encore fréquemment la lentille de Wilson (pl. 1, fig. 3). La combinaison de plusieurs de ces lentilles prend le nom de *système de lentilles ;* elle a cet avantage que nous avons déjà mentionné, de ne pas diminuer le champ de vue et la distance focale, quoiqu'on augmente le grossissement, et d'être en même temps achromatique. Si la combinaison est telle que l'aberration de sphéricité soit détruite, autant que possible, en même temps que l'aberration chromatique, le système de lentilles est *aplanatique.* Un objet examiné avec ce système paraît tout-à-fait exempt d'anneaux, très bien éclairé et limité par un contour bien arrêté. La lentille est ordinairement montée dans une bague ou dans un petit tube de bois, de corne, de métal, etc., de différentes formes, et muni ou non d'un

manche. L'usage de la lentille est trop connu pour qu'il
soit nécessaire d'insister sur ce point. Il est bon d'avoir
plusieurs lentilles de pouvoirs différents. Celles qui grossis-
sent de 20 à 30 diamètres, seront suffisantes dans le plus
grand nombre de cas. Si l'on désirait une amplification
plus considérable, il vaudrait mieux avoir recours au microscope composé, à moins que l'objet soit d'une telle nature qu'on ne puisse le placer sous le microscope, ainsi
qu'il arrive, par exemple, quand on veut étudier une af-
fection de la peau ou de l'œil sur un individu vivant ; mais,
dans ces circonstances, il est bien rare qu'on ait besoin d'une
forte amplification. Plus la lentille est rapprochée de l'œil,
plus le champ de vue est large ; son étendue diminue lorsqu'on éloigne la lentille, car, dans ce cas, les rayons extrêmes ne peuvent parvenir à l'œil ; de là, vient le précepte
pratique de tenir la lentille le plus près possible de l'œil,
lorsqu'on veut voir une grande étendue de l'objet. Les
myopes devront placer l'objet un peu plus près de la lentille que son foyer, afin que les rayons soient plus divergents à leur entrée dans l'œil ; l'inverse aura lieu pour les
presbytes. Les lentilles plano-convexes sont préférables
aux verres bi-convexes, parce que les aberrations sphérique et chromatique sont moindres et que le champ de vue
est plus étendu. Avec ces lentilles, il vaut mieux tourner le
côté plan vers l'objet, parce que l'on augmente le grossissement et le champ visuel lorsqu'on regarde perpendiculairement à travers la lentille. Si la surface convexe est
tournée vers l'objet, le grossissement est moins fort ; alors,
le champ de vue est moins étendu lorsque nous regardons
perpendiculairement à travers la lentille, mais il s'agrandit si nous regardons obliquement par les bords.

On tient ordinairement la lentille à la main, ou bien on la fixe devant l'œil, au moyen d'un ruban attaché autour de la tête ; on peut encore la maintenir entre l'arcade orbitaire et l'os de la pommette, mais ce procédé est fatigant pour l'œil et empêche l'évaporation de l'humidité. Il est préférable d'ajuster la lentille sur un pied, afin d'avoir les mains libres pour préparer l'objet qu'on étudie. Ainsi disposée sur un pied, une lentille forme *le microscope simple. (microscopium simplex)* (1).

Le support le plus simple est un anneau fixé à une tige horizontale et dans lequel on place la lentille. Il est plus commode de joindre l'anneau à la tige au moyen d'un genou, afin qu'on puisse le tourner dans tous les sens. La tige horizontale est fixée à son tour à une autre tige verticale le long de laquelle elle peut se mouvoir en montant ou en descendant. Ce système doit être ajusté sur un pied lourd, si l'on veut éviter de renverser l'instrument. On peut encore adapter la tige à une large plate-forme qui servira en même temps de support pour la préparation de l'objet.

Toutefois, quand la lentille grossit plus fortement et qu'elle a, par conséquent, un court foyer, son mouvement sur le pied, ou ceux de l'objet, doivent être effectués avec plus de précision. On y parvient en adaptant un engrenage à la colonne qui supporte la plate-forme ou la lentille, ou bien encore à tous deux. Lorsqu'on fait usage de puissants

---

(1) Demisiano employa le premier l'expression *microscope ;* il est probable que ces instruments étaient désignés par les anciens sous les noms de *conspicilia, muscaria, pulicaria, smicroscopia, engoscopia* (de ἐγγύς, près, et σκοπέω, je vois). Le docteur Goring voulait remettre en vigueur cette dernière désignation.

amplificateurs, on doit aussi avoir recours à un autre mode
d'éclairage; la lumière directe du jour ne suffit plus et
veut être augmentée par un miroir placé sous la plate-forme.
Leeuwenhoek, le premier, fit usage d'un réflecteur (1668).
Dans ses nombreuses recherches, il employait des lentilles
bi-convexes de très petites dimensions, maintenues entre
deux lames de métal perforées. L'objet était fixé sur une
épingle qui pouvait être mue dans toutes les directions au
moyen d'une vis, et chaque instrument était spécialement
destiné à l'observation d'un ou de deux objets ; on les plaçait contre la lumière; des observateurs modernes ont suivi
le même système. Wilson (1702) se servit d'un microscope
composé de deux tubes engaînés; à l'extrémité de chaque
tube se trouvait une lentille, l'une qui servait à amplifier,
l'autre à condenser la lumière sur l'objet placé entre les
deux et maintenu solidement au moyen d'un ressort en hélice ; l'observation se faisait à la lumière directe. Lieberkuhn fixait la lentille dans un court tube de laiton, au centre d'un miroir concave d'argent poli; à l'autre extrémité
du tube se trouvait aussi une lentille destinée à condenser
la lumière sur le miroir, et de là sur l'objet placé entre les
deux lentilles. Swammerdam, Lyonnet, Ellis, Cuff et
d'autres, se servaient de microscopes semblables ; mais aujourd'hui on n'en fait plus usage.

Nous aurons à nous occuper plus particulièrement des
différentes dispositions de l'éclairage ainsi que du support
et de son mécanisme, lorsque nous traiterons du microscope composé; les principes de leur application et de leur
emploi sont les mêmes, et certains microscopes composés
peuvent être transformés, en quelques minutes, en microscopes simples, lorsqu'on remplace leur combinaison opti-

que par une lentille. Toutefois on a construit pour les microscopes simples des supports particuliers formés d'une colonne fixée sur une base séparée ou vissée solidement sur la boîte dans laquelle on renferme l'instrument. Au moyen d'une crémaillère à pignon adaptée à la colonne, la platine percée en son centre peut être élevée ou abaissée ; au-dessus d'elle est un anneau qui reçoit la lentille, et au-dessous se trouve le miroir réflecteur. Dans d'autres microscopes, au contraire, le pignon fait mouvoir la lentille et le support est immobile. On a encore appliqué à cet instrument une vis à pas fins, pour le mouvement lent, comme dans le microscope composé, et, en général, les mêmes accessoires, le micromètre, la *camera lucida*, etc., peuvent s'y adapter. Plössl, Pritchard, Cuff, Ross, Charles-Chevalier, Raspail, Lebaillif et Strauss-Durckheim ont imaginé plusieurs formes de microscope simple.

CHAPITRE II.

DE LA CONSTRUCTION DU MICROSCOPE DIOPTRIQUE COMPOSÉ.

Les aberrations considérables de sphéricité et de chromaticité d'une lentille simple ou d'un système de lentilles, le peu d'étendue du champ visuel, la diminution de l'éclairage, la fatigue qu'éprouve l'organe visuel, le peu de distance qui existe entre l'objet et la lentille, sont autant de défauts déjà signalés dans la précédente section et en raison desquels le microscope simple est rarement employé lorsqu'on veut se servir de forts pouvoirs grossissants ou de lentilles dont l'amplification dépasse vingt ou trente fois. Nous avons recours alors à une autre propriété qu'ont les lentilles convexes de grossir l'*image* d'un objet.

Fig. 14.

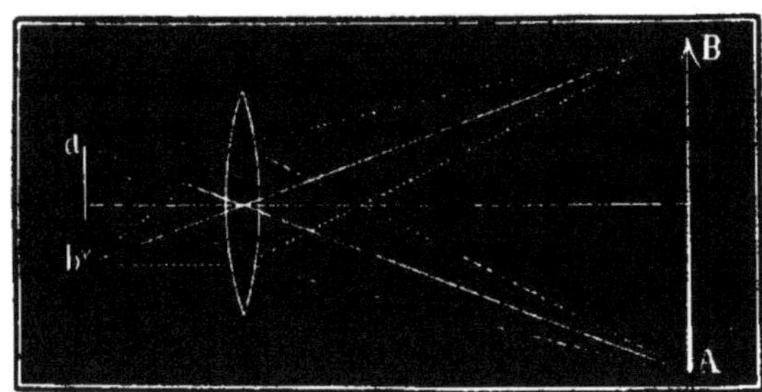

Par exemple, en supposant que l'objet *a b* soit placé derrière une lentille, des rayons divergents partiront de *a* et rencontreront la surface de la lentille ; ils seront réfractés en y pénétrant et en en sortant, et enfin convergeront au-devant de la lentille en **A**. Il en sera de même pour les rayons venus du point *b* ; ces rayons divergents convergeront de l'autre côté de la lentille et se réuniront en **B**. De tous les points intermédiaires à *a* et *b*, partiront également des pinceaux de rayons qui se réuniront entre **A** et **B**, et une image de *a b* se produira en **A B**, mais elle sera renversée.

Pour qu'une image puisse se former, l'objet ne doit pas être placé au foyer de la lentille, car alors les rayons deviennent parallèles et ne se réunissent pas de l'autre côté de la lentille. Il ne pourra non plus être situé en-deçà du foyer, parce que, dans ce cas, les rayons émergents divergeront. Nous avons déjà indiqué l'usage de cette propriété en traitant de l'amplification des corps par le microscope simple. L'objet devra donc être placé au-delà du foyer de la lentille ; c'est dans ce cas seulement que les rayons convergent de l'autre côté de la lentille. (Voir fig. 7.) Si l'objet se trouve à deux fois la distance focale, l'image est exactement de la même grandeur que lui ; s'il est situé à une plus grande distance, l'image est plus petite. Mais cette disposition ne produit pas l'amplification de l'image ; il nous faut donc amener l'objet entre la longueur focale simple et double, le plus près possible du foyer, afin d'obtenir une grande image. Celle-ci n'est vue distinctement que lorsqu'elle tombe en un point où se réunissent tous les pinceaux lumineux ; si les rayons peuvent s'entrecroiser, comme au-delà de **A B**, par exemple, l'image devient confuse. Le rapport de la grandeur de l'image à l'objet est le même que celui qui existe entre la distance qui la sépare de la lentille et celle qui sépare celle-ci de l'objet. Plus la lentille est convexe, plus l'objet doit être rapproché d'elle, mais alors l'image se formera à une distance relative et paraîtra d'autant plus grande.

Si les rayons traversent une seule lentille convexe, l'image sera renversée; traversent-ils une seconde lentille, la nouvelle image sera redressée, et nous obtiendrons ainsi des images renversées ou des images redressées en employant une ou plusieurs lentilles. Donc, un objet renversé produit une image redressée lorsqu'elle est produite par une seule lentille.

Si nous employons une autre lentille pour amplifier l'image, nous aurons un *microscope composé (microscopium compositum)*; comme l'image est formée par une lentille, on le nomme aussi *microscope composé dioptrique*, pour le distinguer du *microscope composé catadioptrique*, dans lequel l'image est formée à l'aide d'un miroir concave et dont nous parlerons dans la suite.

On comprendra facilement la théorie du microscope composé, si l'on se rappelle les deux propriétés qu'ont les lentilles convexes d'amplifier un objet ainsi que son image, comme nous l'avons déjà dit. Le premier grossis-

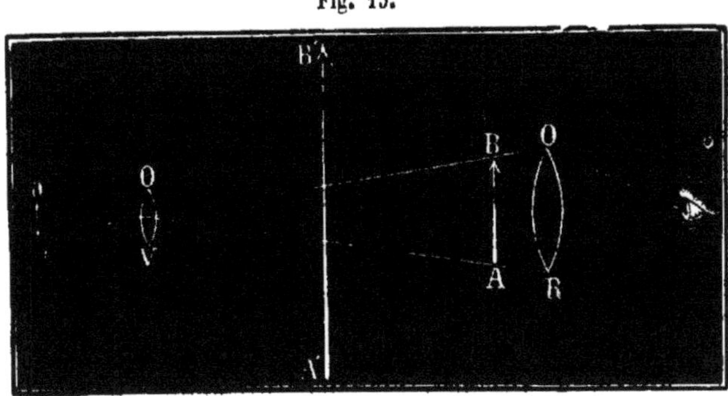

Fig. 15.

sement est produit par la lentille OV, fig. 15; les rayons divergents, partis de l'objet *a b*, continuent leur marche de manière que l'image amplifiée se trouve exactement au foyer de la seconde lentille **OR**. Cette image, vue à travers cette lentille, est amplifiée comme un objet grossi par un microscope simple. Ainsi, lorsque l'image de *a b* est formée en **AB**, on l'observe à travers la lentille **OR** et on la voit suivant la direction **RA′**, **OB′** sous l'apparence **A′B′**.

La lentille **OV**, par laquelle est formée l'image et qui est la plus rapprochée de l'objet, prend le nom d'*objectif;* la lentille **OR**, qui amplifie l'image et qui est située près de l'œil, se nomme l'*oculaire*. Ces deux lentilles sont fixées aux extrémités d'un *tube*, et entre l'objectif et l'oculaire se trouve un verre que l'on nomme *verre de champ*. Le tube est fixé sur un *pied* qui supporte à la fois la platine et l'*appareil d'éclairage*. Nous allons d'abord étudier attentivement ces principales parties du microscope.

A. *Des parties principales du microscope composé dioptrique.*

La découverte du microscope composé est attribuée à Zacharias Joannidès ou Jansen, né en Hollande en **1590**. Son microscope était composé d'un tube de cuivre, long de six pieds et d'un pouce de diamètre. Il présenta un de ces instruments à l'archiduc Charles-Albert d'Autriche; ce prince le donna à Cornelius Drebbel, alchimiste hollandais, qui fut ensuite astronome à la cour de Jacques Ier d'Angleterre, où il apporta l'instrument en **1619**, et le montra à Borelli et à quelques autres savants. Il en résulta que plusieurs personnes firent honneur de la découverte à Drebbel. Fontana revendiqua le mérite d'avoir fait cette découverte en **1618**. L'usage des microscopes composés ne tarda pas à se propager considérablement, et parmi les instruments que l'on employa d'abord, il faut mentionner ceux de Hooke (1656), d'Eustachius Divini (1668), de Griendel (1687), de Philippe Bonnani (1698) et de Zahn (1702). Le microscope de Hooke avait trois pouces de diamètre, sept pouces de long, et pouvait s'allonger à l'aide de quatre tubes engaînés les uns dans les autres. Il était composé d'un petit objectif, d'un verre de champ et d'un puissant oculaire. Le microscope de Divini comprenait les trois mêmes parties, mais l'oculaire était composé de deux lentilles plano-convexes, ce qui augmentait le champ de vue et l'amplification, tout en diminuant l'aberration de sphéricité. L'oculaire était grand comme la paume de la main et le diamètre du tube égalait celui de la cuisse, et pourtant, avec ce colossal instrument, il ne pouvait grossir les objets plus de 143 fois. Le microscope de Bonnani, encore plus incommode, était horizontal, et on le manœuvrait au moyen d'une crémaillère et d'un pignon. L'éclairage était produit par la concentration de la flamme d'une lampe au moyen de deux lentilles. Griendel composait chaque verre de deux lentilles plano-convexes, en sorte que l'instrument en comprenait six. Zahn, entre autres, construisit un double microscope pour les deux yeux. La cause principale de l'imperfection de ces instruments et d'autres vieux microscopes, était la difficulté de construire des objectifs achromatiques, et même après que Chester More Hall (1729), guidé par l'étude de la structure de l'œil humain et peut-être aussi suivant les idées de Gregory (1713) sur ce sujet, eut découvert le moyen d'achromatiser en combinant deux espèces de verre, il s'écoula un fort long temps avant que les lentilles de microscope fussent construites d'après ce principe. Dollond, lui-même, qui construisit des télescopes achromatiques en 1757, n'appliqua pas l'achromatisme au microscope. Ce ne fut qu'en 1774, qu'Euler proposa d'employer des objectifs achromatiques pour le microscope, et ses idées furent réalisées d'abord, quatre ans plus tard, par Nicolas Fuss, qui construisit un objectif composé de trois lentilles, dont la première et la troisième étaient en crown-glass et la seconde en flint (1). Les essais d'Æpinus (1784), sur le même sujet, furent infructueux, et à peine pouvait-on considérer comme achromatiques les lentilles de Charles (1800-1810) (2). Les lentilles de Brewster (1812), formées de verre et de fluides de différentes densités, n'étaient pas d'une application pratique. Suivant Harting, Herman van Deyl aurait fait d'excellents objectifs achromatiques en 1807. Les microscopes achromatiques de Frauenhofer (1811), furent toutefois les premiers dont on fit usage pour les recherches scientifiques, car avant cette époque, cet instrument avait servi simplement de jouet ou de moyen de distraction. L'objectif de Frauenhofer consistait en une seule lentille achromatique dont les deux verres n'étaient pas collés, la convexité était tournée vers l'objet. Cette lentille ne grossissait pas beaucoup et le champ de vue était restreint ; mais l'image était plus nette et mieux éclairée que par les objectifs non achromatiques. Avec Frauenhofer commença une ère nouvelle pour la construction des *objectifs*. Toutefois l'aberration sphérique n'était pas détruite, parce que son objec-

---

(1) Fuss proposa seulement la construction de ces lentilles.

C.-C.

(2) Ces lentilles, formées de flint et de crown, étaient achromatiques mais fort mal construites. C.-C.

tif était formé d'une seule lentille, nécessairement très convexe, et, par suite, fort difficile à travailler. Selligue fit donc une découverte très importante lorsqu'il combina plusieurs lentilles plus faibles pour obtenir un fort grossissement. En 1824, Vincent et Charles-Chevalier, d'après la combinaison proposée par Selligue l'année précédente, firent un objectif composé de quatre lentilles vissées les unes sur les autres et formées chacune d'un flint plano-convexe et d'un crown bi-convexe, réunis par leurs faces correspondantes. Bien que l'aberration chromatique fût certainement bien diminuée par cette disposition, l'aberration de sphéricité était augmentée lorsque la surface convexe de la lentille était tournée vers l'objet, quoique l'ouverture des lentilles fût très petite. Charles-Chevalier modifia son objectif de façon que la surface plane était tournée vers l'objet, et en réunissant les verres qui formaient chaque lentille avec la térébenthine ou le baume du Canada, il empêcha la poussière ou l'humidité de pénétrer entre les lentilles et remédia à la perte de lumière causée par les réflections répétées sur les surfaces opposées des lentilles (1). En 1824 et 1825, des lentilles achromatiques furent construites en Angleterre par Tulley, d'après les données de Goring, et par Amici, en Italie (1827).

On a conservé la disposition adoptée d'abord par Selligue, et qui consiste à visser plusieurs lentilles achromatiques les unes sur les autres, en y associant les perfectionnements de Charles-Chevalier. Les avantages de cette méthode sont de corriger l'aberration d'une lentille par celle

(1) Ce fut en construisant avec précision des objectifs achromatiques à courts foyers, que Charles-Chevalier perfectionna réellement le microscope.

C.-C.

d'une autre, et de rendre ainsi la combinaison aplanatique;
donc, l'opticien qui prépare des jeux de lentilles, devra toujours en avoir un grand assortiment pour faire son choix, de
manière à associer celles qui donnent l'image la plus distincte. Comme les différentes lentilles ne sont pas d'égal
foyer, lorsqu'on veut examiner un objet, on doit avoir soin
d'associer les lentilles toujours dans l'ordre suivi par le
constructeur. Ainsi, les lentilles de Schiek et Plöessl suivent
l'ordre des chiffres dont elles sont marquées : 1, 1+2,
1+2+3, 2+3+4, 3+4+5, 4+5+6, 5+6+7, dernière et
plus puissante combinaison. On ne peut pas combiner ar-
bitrairement 2 avec 4 et 5, etc. Chevalier, Oberhauser et
quelques autres, adaptent à leurs microscopes des séries
déterminées d'objectifs, de pouvoirs grossissants variés, et
composées de une à trois lentilles. On évite ainsi l'inconvénient de visser les lentilles l'une sur l'autre, et elles se sa-
lissent moins facilement, parce qu'il n'est pas nécessaire
de les dévisser; la manière dont l'objectif complet est fixé
au tube par un assemblage à baïonnette, évite la perte de
temps et l'ennui de visser chaque lentille. Ces séries mé-
ritent donc d'être préférées (pl. 1, fig. 4).

Non-seulement les aberrations sont corrigées dans les
objectifs modernes, mais ils se distinguent encore des anciens par l'amélioration du mode d'éclairage, par la plus
grande netteté de l'image et le fort grossissement que l'on
obtient aujourd'hui sans avoir recours aux puissants oculaires dont on faisait usage autrefois, et qui déforment toujours l'image; enfin, ces objectifs sont préférables parce
qu'ils sont placés à une plus grande distance de l'objet.
Plus l'amplification est puissante, plus l'objectif est rapproché de l'objet; la distance qui les sépare ne doit pas

être moindre d'un trentième de pouce, car autrement il devient très difficile de recouvrir l'objet d'une lame de verre mince, l'objectif est aisément sali ou terni par l'évaporation, et on le détériore par des nettoyages trop répétés. L'excellence de l'objectif dépend de la distance que l'on peut laisser entre lui et l'objet lorsque la mise au point est parfaite, sans qu'il en résulte aucune diminution dans le pouvoir grossissant. Afin d'augmenter cette distance et d'agrandir le champ visuel, Charles–Chevalier a construit un objectif formé de deux lentilles dont la distance est variable, mais l'objet est moins amplifié que par les objectifs ordinaires. Amici en construit de deux espèces pour l'observation des objets couverts ou non d'une lame de verre. On prétend que Brunner fait des objectifs dont la distance interlenticulaire peut être modifiée.

L'image formée par l'objectif est observée à l'aide de *l'oculaire* et paraît conséquemment renversée. Autrefois, on n'employait comme oculaire qu'une seule lentille très puissante, afin de compenser la faiblesse de l'objectif; mais il résultait de cette disposition qu'il fallait considérablement réduire le champ de vue et que l'aberration n'était pas détruite. Aujourd'hui, dans tout bon oculaire, on introduit, entre l'objectif et le point où se forme l'image, une lentille qui porte le nom de *verre de champ;* ce verre est plano-convexe, comme la lentille oculaire proprement dite, et sa face convexe regarde cette dernière. Il est deux ou trois fois aussi large, et son rayon de courbure est en général trois fois aussi grand que celui de la lentille oculaire ; cependant, on lui donne quelquefois plus ou moins de puissance. La figure suivante explique l'action du verre de champ. L'objectif achromatique OV produit une image

Fig. 16.

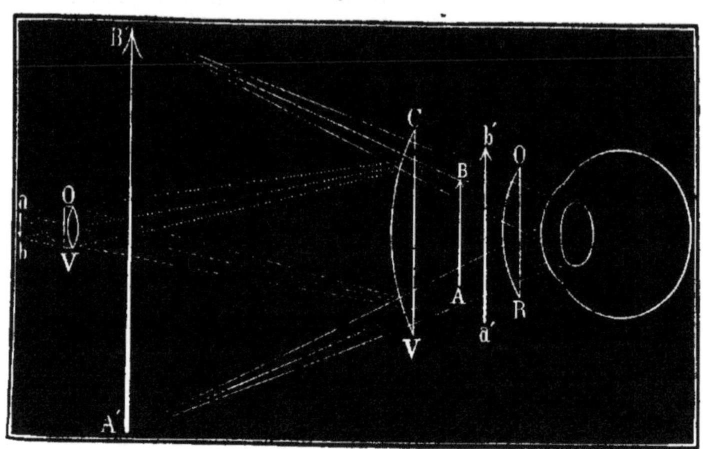

$a'b'$ de l'objet ab. Mais le verre de champ CV placé entre
l'objectif OV et l'oculaire OR, réfracte le pinceau de rayons
et l'image se forme en AB exactement au foyer de l'oculaire OR. De cette image partent des rayons divergents qui
frappent l'œil ; donc on voit, avec l'oculaire OR, l'image
qui paraît amplifiée sous les proportions A'B', suivant la
direction AA' BB'. Bien que l'image soit réellement diminuée par le verre de champ et que AB soit plus petit que
$a'b'$, elle devient plus distincte et l'on peut en embrasser à
la fois une plus grande étendue ; en d'autres termes, on
obtient un plus grand champ de vue. Mais l'effet qu'il im-
porte surtout de produire avec le verre de champ, c'est de
corriger les aberrations sphérique et chromatique. Cette
dernière pourrait être détruite, il est vrai, par une combinaison achromatique de flint et de crown-glass, et l'aberration sphérique au moyen d'un diaphragme, mais alors le
champ de vue serait considérablement diminué. Toutefois,
un diaphragme est placé entre l'oculaire et le verre de

champ, afin d'intercepter les rayons extrêmes , cependant son ouverture ne devra pas être aussi petite que dans le cas précédent.

Il doit y avoir une distance déterminée entre l'oculaire et le verre de champ, de manière que l'image vienne se former exactement au foyer de l'oculaire. Ces verres sont donc assemblés dans un tube noirci à l'intérieur pour que la lumière ne se réfléchisse pas sur les parois. Ordinairement on les fixe, ils ne peuvent se mouvoir l'un vers l'autre, et la distance doit être telle que les aberrations puissent être corrigées par l'objectif. Il serait donc préférable d'employer un seul oculaire avec un objectif donné ; quand l'observateur s'est familiarisé avec son microscope, il reconnaît bien vite qu'une combinaison est meilleure qu'une autre, ou bien que l'image la plus distincte ne peut être obtenue que par l'association de *tel* oculaire avec *tel* objectif. Mais, le plus fréquemment, on emploie le même oculaire avec plusieurs objectifs, et cela est permis quand il n'y a pas une grande différence entre les aberrations des objectifs. C'est ce qui a conduit Amici à construire des oculaires disposés de manière que l'oculaire puisse être rapproché ou éloigné du verre de champ, disposition favorable surtout lorsqu'on allonge ou que l'on raccourcit le tube du microscope pour obtenir une amplification plus grande ou moindre, modification dont nous allons bientôt nous occuper.

On connaît deux espèces d'oculaires : celui de Campani, décrit ci-dessus et dans lequel l'image est formée entre l'oculaire et le verre de champ, et celui de Ramsden avec lequel l'image se trouve au-devant du verre de champ ; mais, autant que je puis le savoir, ce dernier, appliqué à certains télescopes astronomiques, n'a pas encore été employé pour les microscopes.

Les oculaires ont des grossissements variables ; les plus puissants sont disposés dans les tubes les plus courts. Les microscopes de Plöessl et de Schiek ont quatre ou cinq oculaires, et, dans ce nombre, une lentille aplanatique qui fait voir l'objet plus lumineux et plus distinct, et dont on fait surtout usage pour étudier les objets opaques ; mais ce verre donne un plus petit champ de vue et grossit moins. Les microscopes de Chevalier ont ordinairement moins d'objectifs ; en général, il suffit d'en avoir deux, un plus faible et l'autre plus fort. Le tube dans lequel sont fixées les lentilles doit être cylindrique et entrer facilement dans le tube du microscope, afin d'éviter la perte de temps que nécessiterait un ajustage à vis. Avec les objectifs coniques, ainsi que les construit Oberhauser, les lentilles peuvent se décentrer aisément, parce qu'elles ne sont pas fixées solidement dans le tube du microscope. Pour que l'image soit satisfaisante, le centrage de toutes les lentilles est indispensable, c'est-à-dire que les axes de toutes les lentilles qui composent le microscope doivent se trouver sur la même ligne droite.

On fixe souvent des fils déliés d'araignée ou de ver-à-soie dans l'ouverture du diaphragme, où ils servent en partie à mesurer les objets, en partie à les désigner à l'observateur le moins exercé, qui les découvre plus aisément lorsqu'ils sont placés près d'un des fils.

On peut adapter un disque de carton à l'oculaire, surtout lorsqu'on se sert du microscope horizontal, afin d'exclure toute autre lumière que celle qui tombe sur l'objet ; l'image paraît plus brillante lorsqu'un plus grand nombre de rayons lumineux pénètrent dans l'œil par la pupille dilatée et quand on fatigue moins l'autre œil en le tenant ouvert ou en regardant en face du jour. Charles-Chevalier a encore adapté à l'oculaire un petit tube garni d'un prisme dont la base est tournée vers les parois du tube. Ce prisme a pour effet de rétablir dans sa véritable position l'image qui, autrement, est renversée ; par exemple, lorsqu'on fait mouvoir l'objet de droite à gauche, l'image suit une direction inverse, et cela peut embarrasser le commençant. Cette pièce deviendra inutile lorsque l'observateur se sera habitué à voir l'image suivre une direction opposée à celle de l'objet.

L'objectif et l'oculaire sont ajustés sur *le tube* du microscope de la manière que nous avons déjà indiquée. Le tube est un cylindre creux de métal, noirci à l'intérieur comme l'oculaire et pour la même raison ; il est également muni d'un diaphragme destiné à exclure les rayons les plus éloignés du centre. La longueur du tube doit être prise en considération, car nous avons déjà vu que plus l'objet peut être rapproché de la lentille, plus l'image est éloignée, mais aussi plus elle est grande. Donc, si l'on fait le tube plus long, l'image se formera en un point plus éloigné, et les rayons continueront à diverger ; en d'autres termes, l'image devient plus grande en même temps que l'objet se rapproche de l'objectif. Mais ce que l'on gagne en amplification, on le perd aisément en netteté, et, en outre, on ne peut voir qu'une petite portion de l'image. D'un autre côté, si le tube est plus court, on doit faire usage d'un oculaire plus fort afin d'obtenir un grossissement égal. On donnera donc de justes proportions à la longueur du tube, pour qu'il ne soit pas nécessaire d'employer un oculaire trop puissant avec un tube trop court, car, dans ce cas, l'image est toujours déformée par l'effet d'une plus forte aberration. D'un autre côté, il faut éviter de diminuer la netteté de l'image, de rendre l'éclairage imparfait et de rétrécir par trop le champ de vue en employant un tube trop long. Ajoutons que ce dernier rend le microscope incommode, surtout lorsqu'on s'en sert dans la position verticale. Quand le tube est très long, il est bon qu'il soit divisé en deux ou un plus grand nombre de pièces, glissant les unes dans les autres au moyen d'une crémaillère à pignon, de manière que le centrage des lentilles ne soit pas altéré. Au surplus, on peut allonger le tube, soit en faisant mouvoir la partie qui porte l'oculaire, soit celle qui reçoit l'objectif; c'est cette dernière disposition que, d'après mon indication, Charles-Chevalier a adoptée pour ses plus grands microscopes.

Selligue fut le premier à se servir d'un procédé propre à augmenter l'amplification sans qu'il fût besoin d'allonger le tube. Il plaça, entre l'oculaire et l'objectif, une lentille concave qui faisait diverger les rayons partis de l'image avant qu'ils fussent repris par l'oculaire. Plus tard, Frauenhofer la remplaça par une lentille concave achromatique. Cette disposition a l'avantage de permettre que l'on place l'objet à une plus grande distance de l'objectif; mais comme l'image devient moins nette par suite du surcroît d'aberration, on a presque entièrement abandonné ce moyen.

La description du microscope pancratique, dont le grossissement est modifié par l'allongement du tube, se place naturellement ici. Cet instrument fut d'abord construit par Chevalier (1841), d'après les indications de Fischer de Moscou. L'image formée par l'objectif est examinée à tra-

vers un microscope composé (c'est-à-dire un tube muni
d'un objectif et d'un oculaire), qui se meut à frottement
dans le tube de l'objectif ; en allongeant le tube, on augmente le grossissement. Avec ce microscope, l'image paraît dans la même position que l'objet, au lieu d'être renversée. Merz (1843), successeur de Frauenhofer à Munich,
a remplacé l'objectif intérieur par une lentille concave
achromatique, qui permet de raccourcir le microscope,
mais qui renverse l'image ; le même constructeur a donné à
l'oculaire un mouvement indépendant.

Le tube du microscope, l'objectif et l'oculaire, constituent l'appareil optique proprement dit. Dans le but de
donner de la régularité et de la précision à tous les mouvements, on a fixé le tube sur *une base* qui supporte la platine et l'appareil d'éclairage dont nous nous occuperons
particulièrement. La base doit être lourde et solide, afin
qu'elle demeure immobile ; il faut qu'elle soit d'une construction peu compliquée. Elle est formée d'un pied et d'une
colonne qui porte l'appareil décrit plus haut. Dans beaucoup de microscopes, la boîte qui renferme l'instrument
sert de pied, et la colonne se visse sur sa paroi supérieure ; mais, dans ce cas, cette paroi ne doit pas former le
couvercle de la boîte, parce qu'il est nécessaire d'ouvrir
cette dernière pour y chercher les objets dont on peut avoir
besoin dans le cours d'une observation. Quand la colonne
est fixée de cette manière, le microscope est certainement
bien stable ; mais comme il repose sur une large surface,
on trouvera souvent difficile de placer la boîte tout-à-fait
horizontalement, ainsi que nous en démontrerons la né-
cessité pendant l'observation. La colonne de quelques autres microscopes est assujettie sur un disque ou sur un cy-

lindre lourd et élevé (Oberhauser); mais, dans ce cas encore, on trouve le même inconvénient par rapport à l'horizontalité. La meilleure disposition consiste à placer la colonne sur un trépied que l'on renferme avec le microscope; car, bien que la stabilité soit peut-être moins grande, il est plus facile d'obtenir l'horizontalité, surtout quand des vis calantes sont convenablement disposées aux angles du trépied.

Sur la base est fixée une colonne ronde ou prismatique. Sa hauteur et les ajustements dépendent en partie de la position que l'on donne au microscope. Si l'on adopte la position verticale, de manière à regarder l'objet de haut en bas, la colonne ne devra pas être trop haute, parce que le microscope devient d'un maniement incommode quand il est placé sur une table ordinaire. Lorsque, au contraire, on observe horizontalement, la hauteur est de peu d'importance, car nous verrons qu'il est plus commode pour dessiner l'objet, que la distance de l'oculaire à la table qui supporte le microscope soit exactement égale à celle de la vision distincte. En général, la colonne peut porter en son milieu une articulation qui permettra de changer la position verticale du tube en position horizontale ou oblique. La platine sur laquelle on place l'objet se meut avec le tube, et l'on observe à la lumière directe, ou bien cette platine reste immobile, et alors le tube du microscope doit être brisé et l'on place un prisme dans le coude pour changer la direction des rayons lumineux; dans ce cas, le prisme sera placé le plus près possible de l'objectif, afin que la réflection s'opère le plus promptement possible avant que les rayons n'atteignent l'oculaire.

Le tube du microscope est assemblé avec le support, de

telle manière qu'il peut se mouvoir sur ce dernier ou demeurer immobile ; il se meut à frottement dans un autre
tube, mais ce procédé est imparfait, parce que la résis-
tance occasionnée par le frottement peut devenir trop forte
lorsque le tube s'encrasse, ou trop faible lorsqu'il vient à
s'user. Il vaut donc mieux que le tube soit mu par une
crémaillère et un pignon, et, dans ce cas, la crémaillère
est placée à la partie postérieure de la colonne dans laquelle le pignon est ajusté avec soin. Quelquefois la colonne
en supporte une plus petite qui reçoit le mécanisme, ou
bien encore, le mouvement rapide est produit par la crémaillère, et l'on imprime un mouvement lent à l'aide d'une
vis particulière. Cette vis, à pas fin, devient, au surplus,
presque inutile dès que l'on a acquis l'habitude de se servir
du pignon, mais celui-ci doit être bien exécuté et ajusté
de façon qu'il ne se relàche ni ne se resserre et qu'il marche toujours bien verticalement sans vaciller d'un côté
ou d'autre. Si le tube du microscope reste fixe, la platine devra se mouvoir le long de la colonne par le même
moyen qui produit le mouvement dans l'autre disposition.
Le pied et la crémaillère sont construits en laiton et en
acier ; ce dernier métal se rouille aisément, ce qui nuit
à l'ajustage ; une crémaillère de laiton est donc peut-
être préférable, bien que les dents s'usent plus promptement.

Parmi les dispositions particulières des microscopes de
différentes formes, nous mentionnerons ici le mouvement
rotatoire du tube (Amici et Oberhauser); la séparation du
support et de la platine, qui se trouve ainsi isolée pour faciliter la préparation des objets (Oberhauser); la rotation
horizontale du tube (Charles-Chevalier), qui permet de faire

voir l'objet à un second observateur assis de l'autre côté de
la table sur laquelle se trouve le microscope. Dans les microscopes de Chevalier, le tube peut être retourné de manière que l'objectif soit placé horizontalement, disposition
avantageuse lorsqu'on **veut** changer de lentilles. **Dans son**
plus petit modèle, on fait pivoter le tube et la platine,
en sorte que cette dernière se trouve placée au-dessus
de l'objectif et que l'on regarde l'objet de bas en haut.
Cette position peut être utilisée lorsqu'on a recours aux
agents chimiques susceptibles de salir ou d'altérer l'objectif, ou bien quand on veut chauffer la platine, parce
que les vapeurs dégagées des corps terniraient les lentilles;
la lame de verre sur laquelle l'objet est placé, dans ce cas,
ne devra pas être trop épaisse pour les plus forts grossissements. Nous ne nous arrêterons pas plus long-temps à la
description du support, parce qu'il est bien plus facile de
se former une idée de la structure des différents microscopes
en les voyant une seule fois, qu'en étudiant une description minutieuse et fatigante. Une telle description est
d'ailleurs peu utile sous le rapport pratique, car la disposition mécanique de l'instrument est moins importante que
la perfection des lentilles et la facilité dont l'observateur
est doué pour le maniement de son appareil.

La platine sert à supporter et à fixer l'objet que l'on
examine. Elle est formée d'une plaque de laiton percée en
son centre d'une ouverture qui correspond au centre de
l'objectif et ne doit pas être trop petite puisqu'elle donne
passage à la lumière qui vient d'en bas. Elle sera assez
solide et assez large (de deux à trois pouces (1) de large, sur

(1) 0,^m05414 à 0,^m08121.

quatre pouces (1) de long) pour qu'on puisse y faire des préparations. Sa surface sera tout-à-fait plane, noircie et dé-
polie, afin que la lumière ne soit pas réfléchie sur l'objectif.
Il est avantageux de la doubler d'une lame de verre noir
dépoli, dans le but d'éviter l'action de l'humidité, des acides, etc., sur la plaque métallique. Il est bon d'adapter à
la platine quelques tenons pour maintenir la lame sur
laquelle l'objet est placé; on emploie souvent à cet usage
un ressort en hélice placé sous la platine, mais il est préférable de se servir de tenons que l'on peut enlever à volonté. On pratique souvent aussi dans la platine une ouverture dans laquelle on fixe un miroir réflecteur pour
éclairer l'objet par dessus.

La structure de la platine varie autant que celle du support. Un observateur habile se contentera d'une simple
plaque; mais pour celui qui est moins familiarisé avec
l'instrument, il vaut mieux que les mouvements nécessaires
à l'examen de l'objet, quand on veut l'avancer ou le recu-
ler sous l'objectif, soient réglés avec la plus grande précision. En conséquence, on a construit la platine de telle manière qu'elle puisse pivoter sur son axe (Oberhauser), afin
que l'objet reçoive l'éclairage de tous côtés; ou bien on l'a
formée de deux plaques superposées dont les mouvements
sont produits par deux vis, l'une qui entraîne la plaque en
avant et en arrière, l'autre qui la fait glisser latéralement.
Quand les deux vis agissent simultanément, la plaque et
l'objet qu'elle supporte suivent une direction diagonale.
Comme les deux mains sont nécessaires à cette manœuvre,
Turrell a ingénieusement placé les deux vis sur le côté de

______

(1) 0,^{m}10828.

la platine; l'axe de l'une est creusé pour recevoir l'autre;
il en résulte que la platine peut être mue par une seule
main en avant, en arrière, latéralement et diagonalement
quand on tourne les deux vis à la fois. Cette platine mérite
d'être recommandée (pl. 1, fig 6).

La platine est fixée au support invariablement ou de
manière à être mise en mouvement au moyen d'un pignon
semblable à celui que l'on adapte au tube du microscope.
Quelques personnes préfèrent la platine immobile, parce
qu'elle est plus solide lorsqu'on veut y faire des préparations et moins sujette à se déplacer quand on mesure des
corps. La première raison a peu d'importance, parce qu'on
ne fait jamais, sous le microscope, les préparations gros-
sières des grands objets ; mais la seconde milite en faveur
de la platine immobile employée avec le micromètre à vis.
Il n'est pas nécessaire, non plus, de modifier l'éclairage
pour être sûr que l'objet se trouve toujours placé dans une
section convenable du cône des rayons réfléchis par le miroir. D'un autre côté, lorsque la partie optique du microscope est mobile, l'œil ne peut être maintenu dans une aussi
parfaite stabilité, car il doit constamment suivre le mouvement de l'oculaire ; bien plus, si la crémaillère et le pignon ne sont pas bien exécutés, le tube s'incline facilement
sur le côté ou dévie de sa position verticale, et, par suite,
l'observation est troublée. Quand la platine est solide et
fixée avec soin et d'une manière invariable au support,
lorsque les crémaillères et les pignons sont faits avec
précision et jouent sans soubresauts, il paraît tout-à-fait
indifférent que ce soit la platine ou le tube du microscope
qui soit mis en mouvement. En supposant que l'instrument soit construit avec soin, il est utile que les deux

parties puissent être mues par une crémaillère ou par une
vis plus fine. L'observateur s'accoutume bientôt à se servir exclusivement de l'un ou de l'autre système.

Si nous récapitulons tous les mouvements appliqués au
tube du microscope et à la platine, nous trouverons les suivants : — la mise au point de la platine à l'aide de la crémaillère et de la vis fine ; le même mouvement du tube
entier ; celui de l'objectif seul ou de l'oculaire, en y joi-
gnant l'allongement du tube.

Nous arrivons maintenant à la dernière des parties essentielles du microscope, c'est-à-dire à *l'appareil éclairant*.
Lors même que l'on emploie de faibles pouvoirs amplificateurs, cet appareil est indispensable en raison du peu de
clarté de l'image microscopique ; il devient encore plus
nécessaire quand on fait usage d'un grossissement plus
considérable. On ne peut se dispenser d'avoir recours à un
appareil éclairant particulier, que dans le cas où l'on se
sert de très faibles grossissements ou lorsqu'on oppose directement l'objectif à la lumière. Mais on ne peut appliquer ce procédé qu'aux corps solides qui devront être fixés
sur la platine verticale au moyen d'un tenon ; les objets
placés dans un fluide, tomberaient dans le point le plus
déclive et sortiraient du champ de vue. En général , on ne
dirige jamais l'objectif vers la lumière, si ce n'est en se
servant des petits microscopes à main et à faible grossissement, ou bien quand l'objet est collé sur l'objectif, comme
il arrive pour les lentilles déjà mentionnées.

Les objets transparents et opaques exigent un éclairage
différent. Pour les objets opaques, les rayons lumineux
sont dirigés sur l'objet comme d'habitude, mais leur nombre et leur intensité doivent être augmentés ; on éclaire

les objets transparents, au contraire, en dirigeant les
rayons lumineux réfléchis par un miroir placé sous la platine, de manière qu'ils *traversent* ces objets. De là naît la
différence entre l'éclairage par la lumière réfléchie et l'é-
clairage par la lumière transmise.

Pour les objets opaques, la lumière ordinaire, ainsi que
nous l'avons déjà dit, peut être employée avec de faibles
grossissements. On augmentera son intensité, pour de plus
puissantes amplifications, en concentrant les rayons de lumière au moyen d'une grande lentille ou d'un prisme (Selligue), pour les diriger sur l'objet. La lentille bi-convexe
ou plano-convexe doit être grande afin qu'elle puisse concentrer un grand nombre de rayons ; le prisme est triangulaire à faces planes ou courbes. On les fixe à la platine
soit au moyen d'une tige qui les supporte, soit, ce qui est
préférable, sur un support isolé à base lourde, le long duquel ils se meuvent dans toutes les directions requises.
De cette manière, on obtient des rayons lumineux réfractés ; mais l'objet, qui devra reposer sur une lame
opaque, ne pourra être éclairé que d'un côté, particulièrement de celui d'où vient la lumière, et il sera impossible d'employer un fort grossissement. Il vaut mieux éclairer les corps opaques avec un miroir de Lieberkuhn. C'est
un miroir plus ou moins concave, de verre ou de métal,
au centre duquel est placé l'objectif. Sous la platine, percée, dans ce cas, d'une large ouverture, est un miroir
concave (le miroir réflecteur dont nous nous occuperons
plus spécialement dans la suite), qui réfléchit les rayons
sur le miroir de Lieberkuhn, d'où ils sont renvoyés sur
l'objet placé sur une lame de verre afin que la marche des
rayons réfléchis par le miroir ne soit pas interrompue. De

cette manière, l'objet est également éclairé de tous côtés
et l'on peut en même temps se servir d'un haut pouvoir
amplificateur, lorsque le miroir n'est pas trop grand ou
trop concave. En conséquence, il est préférable de placer
l'objectif près du centre de courbure et non pas exactement
à la périphérie du miroir, comme on le fait habituellement (pl. 1, fig. 7).

Un miroir situé sous la platine sert à éclairer les objets
transparents. On le fixera de préférence au support, de
façon qu'il puisse glisser de haut en bas et réciproquement; on peut parfois le disposer de manière qu'il se déplace avec la platine, et il doit se mouvoir librement dans
toutes les directions. On l'assujettira donc dans une bague,
comme une lampe de Cardan; bien que sa largeur soit variable, il vaut mieux qu'il soit trop grand que trop petit (trois ou
quatre pouces de diamètre (1). Il est habituellement de forme
ronde. Goring se sert de miroirs elliptiques et obtient ainsi
des pinceaux de lumière cylindriques. Ces miroirs sont ordinairement doubles et portent un verre concave d'un côté
et un verre plan de l'autre. On fait usage du second lorsque la lumière est très forte; il suffit pour de faibles grossissements. Dans certains cas, on substitue une plaque noire
au miroir plan, afin d'obtenir un champ obscur pour
observer les corps opaques. Le miroir est dirigé vers la
lumière et réfléchit les rayons sur l'objet; mais cette lumière est parfois trop forte et les objets très transparents
seraient invisibles. On a donc imaginé divers moyens de
diminuer la lumière. Ainsi, on peut placer sur le miroir
réflecteur, des anneaux plus ou moins larges de carton

____

(1) 0,^{m}08121 à 0,^{m}10828.

mince et noirci, de manière à diminuer à la fois la surface du miroir et la quantité des rayons lumineux. Ce
moyen est incommode et n'est plus employé. On préfère
aujourd'hui placer sous la platine, un diaphragme mobile
percé de quatre ou cinq ouvertures dont le diamètre dépend en partie de leur éloignement de la platine. La distance du diaphragme à la platine est une condition essentielle de cette disposition ; car si le premier est plus éloigné
de la seconde, si la lumière traverse une large ouverture,
une lumière plus faible, mais plus également répartie,
tombera sur l'objet, tandis que si l'ouverture est au contraire plus petite mais plus rapprochée de la platine, la lumière qui frappera l'objet sera moins étendue mais plus
intense. La dernière disposition est préférable avec les forts
grossissements, lorsqu'on veut concentrer toute la masse de
lumière sur un seul point. Quand la lumière est répartie
sur une plus grande surface, on peut, avec une plus faible
amplification, rendre visible une plus grande portion d'un
objet. Comme il est plus facile de diminuer la lumière que
de l'augmenter, le diaphragme devra être placé le plus près
possible de la platine (pl. 1, fig. 8). Oberhauser construit des
diaphragmes détachés, formés d'un petit cylindre ou d'une
plaque percée d'une très fine ouverture qui ne donne passage qu'à un pinceau de rayons très délié mais très intense. Ce diaphragme est ajusté de manière que l'ouverture est appliquée immédiatement au-dessous de la lame
de verre qui porte l'objet et correspond au centre de l'objectif. Le mécanisme qui sert à ajuster ce diaphragme
n'est pas d'un emploi commode, parce que chaque fois
qu'on veut changer d'ouverture, il faut déplacer l'objet et,
par conséquent, troubler l'observation. Il est donc préféra-

ble de se servir du disque mobile à ouvertures variables, et placé, comme nous l'avons déjà dit, le plus près possible de la platine. On ajuste parfois un verre coloré dans une des ouvertures.

Lorsqu'on veut augmenter la lumière réfléchie par le miroir, on emploie des lentilles disposées sous la platine et qui concentrent la lumière sur l'objet. Pour atteindre ce but, Brewster (1820) se servait de quatre lentilles réfractant chacune un pinceau de lumière sur l'objet. Il était ainsi éclairé de quatre côtés, et l'on pouvait à volonté supprimer les lentilles. Wollaston (1829) adapta, sous la platine, une lentille plano-convexe dont le côté plan était tourné vers l'objet; elle concentrait la lumière réfléchie par un miroir plan et la réfractait sur l'objet. En 1831, Brewster modifia cet appareil de façon que la lumière concentrée par une lentille bi-convexe périscopique, vînt tomber sur un miroir plan d'où elle était réfléchie sur un système de lentilles composé de deux verres semblables qui la réfractaient enfin sur l'objet. Outre un appareil éclairant construit par Goring, nous en mentionnerons un imaginé par Dujardin (1838). Il est composé de trois lentilles achromatiques assemblées dans un tube placé sous la platine. Les rayons de lumière parallèles venant d'un prisme ou d'un miroir plan, sont concentrés graduellement par des lentilles dont la plus forte se trouve immédiatement sous l'objet situé à son foyer. Si la lumière est trop forte, un écran percé d'ouvertures de différentes grandeurs est placé devant le prisme (pl. 1, fig. 9). Oberhauser a ajouté à l'appareil de Dujardin des diaphragmes à ouvertures très étroites. Merz (1843) a également construit un appareil d'éclairage composé de deux lentilles fixées dans un tube et dirigées vers un prisme qui leur fournit la lumière.

Tous ces appareils sont construits sur ce principe, que l'objet est suffisamment éclairé alors seulement qu'il se trouve au foyer des rayons de lumière fournis par le prisme ou par les lentilles. Mais, bien que ce principe soit théoriquement exact, on reconnaît qu'il est inutile dans la pratique, et que pour les microscopes de construction moderne, on obtient assez de lumière sans cet appareil et sans que l'objet se trouve précisément au foyer des rayons lumineux; on peut donc, suivant ma manière de voir, se dispenser de l'usage de ce genre d'appareil. Il faut aussi tenir compte de l'inconvénient qu'entraîne dans ce cas l'emploi d'un objectif d'une certaine épaisseur quand les lentilles sont fixées à demeure sous la platine ; enfin, il est assez compliqué et exige une certaine pratique de la part de l'opérateur. Le moyen le plus simple d'appliquer une lentille condensatrice , est celui qu'Amici adapte à ses microscopes ; il consiste à employer une lentille plano-convexe qui glisse sur une tige, reçoit la lumière réfléchie par le miroir et la renvoie sur l'objet ; cette disposition nécessite l'addition d'un diaphragme. On peut encore augmenter l'intensité de la lumière à l'aide de la lentille et du prisme de Selligue, dont nous avons déjà parlé et qui renvoient les rayons sur le miroir réflecteur. Nobert a fait usage d'une lentille de un tiers de pouce de foyer (1), placée sous la platine au foyer d'un réflecteur concave, afin d'éclairer l'objet par des rayons parallèles qu'il considère comme préférables aux rayons convergents. Reade dirige les rayons lumineux obliquement sur l'objet,

____

(1) $0,^{mm}023$.

de façon que la lumière ne soit pas transmise ; il en résulte
que l'objet se dessine sur un fond obscur, parce que le
reste du champ de vue n'est pas éclairé ; mais ce moyen
n'est applicable qu'avec de faibles grossissements et lorsqu'il y a un grand intervalle entre l'objet et l'objectif. Au
surplus, il n'est pas nécessaire d'employer ces différentes
formes d'appareils éclairants.

B. — Des parties secondaires du microscope.

L'examen microscopique des substances organiques
étant fondé sur une étude anatomique préalable, il est naturel que la partie de l'appareil nécessaire aux recherches
anatomiques, puisse servir en même temps aux observations microscopiques. Les procédés de recherche varient
toutefois ; il faut donc que l'appareil ordinaire de dissec-
tion soit quelque peu modifié. Ajoutons qu'il y a certains
accessoires qui sont commandés par la construction générale du microscope, et d'autres enfin que l'on emploie à
des recherches spéciales ou à des procédés particuliers de
recherche. Nous parlerons de l'appareil à mesurer et à
dessiner les objets lorsque nous traiterons de l'usage du
microscope.

Parmi les accessoires ordinaires du microscope à dissections, nous mentionnerons seulement les suivants : — Des
presselles plus ou moins fines ; une presselle qui se ferme
d'elle-même et maintient l'objet immobile sous l'objectif
lorsqu'on le place sur la platine ; des scalpels de formes et
de dimensions variées, tel que le *scalpel à double lame* de
Valentin, destiné à couper des tranches minces d'égale
épaisseur. Ce scalpel est formé de deux lames aplaties,

coupant des deux côtés, et qu'à l'aide d'une vis ou d'un coulant, on maintient parallèles et à des distances différentes, suivant l'épaisseur que l'on veut donner à la tranche (pl. 1, fig. 10). *Le microtome* d'Oschatz sert aussi à couper des tranches minces; il consiste essentiellement en une lame horizontale à laquelle un mécanisme particulier et compliqué imprime un mouvement de scie très rapide. L'objet est disposé devant cette lame dans une case que l'on place à diverses hauteurs au moyen d'une vis micrométrique. On peut déterminer à l'avance l'épaisseur des lames qui sont bien uniformes et d'une finesse extrême. Cet instrument est encore construit de manière que la tranche puisse être coupée sous l'eau. Ajoutons aux accessoires, *des aiguilles* droites et courbées, fixées dans des manches plats afin qu'elles ne roulent pas quand on les pose sur une table; des aiguilles à cataracte, *des plumes* taillées en pointe, *des ciseaux* à lames étroites; le microtome de Strauss-Durckheim, consistant en ciseaux terminés par deux lames aiguës; *de petits syphons* ou des entonnoirs destinés d'une part à tirer d'un verre des petits corps, tels que des infusoires, de l'autre, à ajouter une goutte de fluide à une préparation; *des lames de cire et de liége* sur lesquelles on fixe les corps pendant qu'on les prépare; on se procurera des lames de liége doublées en dessous de zinc ou de plomb, pour les empêcher de se gondoler sous l'influence de l'humidité et les faire tomber au fond des récipients lorsque la préparation est faite sous l'eau; *des vases de verre* variés, *des meules, des scies, des limes* et *des ciseaux* pour préparer les corps durs (par exemple les dents); *des pinceaux de poils de chameau, un chalumeau, une seringue, un appareil à injections*, etc.

Il est bon de s'habituer à employer le moins d'instruments possible.

Quelle que soit la construction du microscope, des *lames de verre* sont indispensables. Les objets que l'on veut examiner par transparence sont étendus à leur surface. Leur forme et leur grandeur dépendront de la grandeur et de la forme de la platine. Le verre qui sert à les former doit être plan, incolore, sans aucune teinte rouge, verte ou bleue, exempt de stries ou de bulles, et débarrassé de toute trace d'oxyde rouge de fer employé à polir le verre et que l'on rencontre souvent en soumettant la plaque au microscope, ce qui donne lieu à des erreurs; il faut donc examiner avec soin les lames de verre avant de s'en servir. On leur donne environ un douzième de pouce d'épaisseur; trop minces, elles se cassent aisément quand on les nettoie ou qu'elles viennent à tomber. Des verres concaves, tels que de petits verres de montre, peuvent servir à l'étude d'un objet qui nage dans une assez grande quantité de liquide. On renferme aussi des animaux vivants dans de petits tubes cylindriques ; mais de petites auges, imperméables à l'eau et formées de lames planes de verre, conviennent mieux à cet usage. Des anneaux de verre sont aussi utiles dans les mêmes cas; on détache ces anneaux d'un tube et on les fixe avec du mastic sur une lame de verre, ou bien encore on réunit dans un anneau métallique deux verres, l'un plan, l'autre concave, où deux verres de montre, dans le cas, par exemple, où l'on veut y renfermer un animal vivant, etc. Chacun construit ces accessoires de la façon qui convient le mieux à ses besoins. On s'est encore servi de verres noirs pour étudier les corps opaques; alors la nature de la matière est de peu d'importance ; de petites lames de bois peintes en noir conviennent parfaitement à cet usage. Les lames de verre minces servent à recouvrir les objets soumis à l'étude; on préfère celles qui sont carrées, d'environ un demi-pouce de diamètre (1), parce qu'on les saisit avec plus de facilité et qu'on les pose plus aisément sur les corps que les rondes. Elles ne doivent pas être trop minces, car elles se briseraient trop facilement lorsqu'on les essuie; d'un autre côté, on ne leur donnera pas assez d'épaisseur pour qu'elles compriment l'objet trop fortement ou qu'elles empêchent l'objectif de s'en rapprocher et, par conséquent, de se placer au foyer. Pour tout le reste, ce que l'on a déjà dit des grandes lames de verre est applicable aux autres. Les lames de mica ne sont pas aussi bonnes, à cause des rayures et de leur fragilité, cependant on peut les employer dans certains cas.

Parmi les divers appareils, nous mentionnerons d'abord *le compressorium*, que nous trouverons nécessaire à l'étude de plusieurs objets qui exigent une compression préalable. Soumises à l'action de cet instrument, les différentes parties sont étalées sur une plus grande surface, éloignées les unes des autres, maintenues et amenées dans un seul et même plan. Ce but est atteint, en partie, par la superposition d'une lame mince agissant en raison de son propre poids. Afin d'augmenter la pression, particulièrement sur les corps élastiques ou plus durs que l'on veut écraser, et dans le but d'agir plus uniformément, on a construit un appareil spécial, mis d'abord en usage par Purkinge en 1834. Son compresseur est composé d'un disque de cuivre portant en son centre une lame plane de verre ordinaire.

(1) 13,^{mm}535.

Un anneau de cuivre garni d'un verre plus mince est vissé perpendiculairement sur l'objet qu'il peut comprimer avec plus ou moins de force. Pour y placer l'objet, on tourne l'anneau en dehors au-delà du bord de la plaque de cuivre, puis on la referme au moyen d'un crochet et d'une goupille, etc. Bien que Purkinge et d'autres observateurs se servent de cet instrument dans toutes leurs recherches, il paraît trop compliqué et trop lourd. Le verre qui produit la pression doit être assez épais, on ne peut donc employer un objectif à court foyer ; si ce verre est trop mince, il se casse aisément et ne peut être remplacé aussi promptement que dans le compresseur de Schiek (pl. 1, fig. 11). Celui-ci est formé d'une plaque de cuivre carrée portant en son centre une lame de verre sur laquelle appuie une lame mince fixée dans un anneau métallique mobile dans la fourche d'un lévier articulé au milieu de la plaque de cuivre. En tournant une vis, l'autre extrémité de la vis est soulevée et l'anneau de cuivre s'abaisse ; mais comme il n'est mobile qu'en un sens, la pression n'est pas aussi uniforme qu'avec le compressorium de Purkinge, où elle s'exerce tout-à-fait perpendiculairement. L'objet est donc sujet à s'échapper lorsqu'il est élastique. Oberhauser, Pacini, Amici et Wallach ont fait subir quelques modifications de peu d'importance au *compressorium* de Schiek. Afin que l'objet se roule sur lui-même et se plie lorsqu'on opère sur une membrane, Mandl a ajouté une vis sur un côté du compressorium de Schiek ; en tournant la vis, la plaque supérieure est abaissée sur l'objet et produit son effet. Quatrefages a adapté quatre petites tiges à la face supérieure du compressorium, afin qu'on puisse le placer horizontalement quand on le retourne pour examiner l'objet sur son autre face. Dujardin a aussi modifié quelque peu cet instrument pour le rendre apte à servir avec son appareil éclairant.

Le compressorium doit être construit avec tout le soin nécessaire pour que les deux lames de verre soient toujours parallèles entre elles, parce que, autrement, la pression ne serait pas uniforme. Si les glaces sont rayées par l'usage, il faut les changer. Quand on se servira du compressorium, on évitera d'employer trop de force, de crainte que le verre le plus mince ne soit brisé et la préparation détruite; c'est ce qui arrive surtout avec des substances très dures, ou lorsqu'un grain de sable est mêlé à un objet mou. Au surplus, le compressorium est employé bien moins communément aujourd'hui qu'à l'époque où Purkinge l'introduisit dans la pratique, et, en définitive, on peut fort bien s'en passer. On s'en sert aussi bien pour écraser des corps durs que pour faire voir un objet que l'on veut maintenir solidement et dans l'immobilité; mais, dans ce cas même, on peut y suppléer en plaçant de petites boules de cire entre les verres, afin de modérer la pression. Avec quelque pratique, on apprend bien vite à estimer le degré de pression qu'un objet exige ou peut supporter, et on la produit facilement en appuyant sur la lame supérieure avec une aiguille ou la pointe d'un canif.

Certains corps, tels que la tourmaline et le spath d'Islande sont doués de la double réfraction. Cette propriété du spath d'Islande fut découverte par Bartholin en 1669. Après la découverte que Malus fit, en 1810, de la *polarisation de la lumière* par ces corps, Talbot fut le premier à appliquer la lumière polarisée au microscope, et Brewster l'employa ensuite. Si l'on fait usage d'une seule len-

tille, on la couvre d'une lame de tourmaline transparente,
ou bien on la compose de deux verres plano-convexes entre
lesquels la plaque de tourmaline est collée avec du baume
de Canada. Une seconde lame de tourmaline est placée sous
la platine ou dans une des ouvertures du diaphragme. Ces
tourmalines sont disposées l'une par rapport à l'autre, de
manière que la lumière du miroir réflecteur soit polarisée,
c'est-à-dire ne puisse pas être transmise en raison de la réfraction particulière ; mais le champ de vue paraît noir. Si
l'on place alors un objet sur la platine, il dépolarise la lumière et paraît vivement coloré sur un champ opaque. On
polarise encore la lumière, pour le microscope composé,
en plaçant une lame de tourmaline sous la platine et l'autre sur l'oculaire ; mais comme les plaques de tourmaline
sont toujours un peu colorées et opaques, Nicol, le premier, leur substitua deux prismes de spath d'Islande qu'il
disposa de la manière que nous avons indiquée. Toutefois,
par ce moyen, le champ de vue était considérablement ré-
tréci ; en conséquence, Charles-Chevalier introduisit un
des prismes dans le tube du microscope, entre l'oculaire et
l'objectif, immédiatement au-dessus de ce dernier ; tandis
que l'autre prisme, disposé comme d'habitude sous la platine, était mobile et pouvait tourner jusqu'à ce que le
champ de vue devînt obscur. L'objet placé sur la platine
dépolarise la lumière, ainsi qu'on l'a dit. On peut encore
polariser la lumière avec des lames de verre qui deman-
dent à être ajustées d'une manière spéciale.

Je dois faire remarquer que bien que j'aie beaucoup tra-
vaillé avec les prismes de Nicol, je n'ai pas trouvé les appareils polarisateurs, quels qu'ils soient, dignes des applications étendues qu'en ont fait divers observateurs. Ils ne

sont propres qu'à l'observation de certains objets, comme, par exemple, les cristaux, la structure des globules d'amidon ou le cristallin. En général, toutefois, on peut à peine dire que les caractères particuliers de structure soient rendus plus distinctement visibles avec un microscope éclairé par la lumière polarisée.

La polarisation dont il a été question ci-dessus, est la forme ordinaire. On n'a pas encore appliqué au microscope la polarisation circulaire, qu'on emploie pour reconnaître la densité de plusieurs liquides (tels que différentes espèces de bière, des solutions sucrées, comme l'urine diabétique).

On aura encore moins souvent recours à *l'appareil électrique* particulier construit par Plössl. On a récemment fait usage d'un appareil électrique rotatoire, afin d'exciter les contractions des fibres musculaires placées sous le microscope (Weber). Dans le but de protéger l'objectif contre l'action des agents chimiques, ou pour éviter qu'il plonge dans un liquide, on se sert d'un *protecteur* consistant soit en une petite cloche de verre, soit en un petit cylindre portant à son extrémité un verre plan et vissé sur l'objectif. Quand on veut observer dans la position horizontale, on peut adapter un tube contenant un prisme à l'objectif que l'on plonge alors dans le liquide. Wagner et Donné ont construit des formes particulières d'appareils pour démontrer la circulation du sang dans la membrane des pattes de grenouille. J'emploie, dans ce cas, une lame de liége sur laquelle la grenouille, enveloppée dans un linge, est solidement fixée ; le membre et chaque doigt sont maintenus par des anses de fil qui traversent le liége, et sont assujettis de manière que la membrane de la patte est étendue et se présente immédiatement à une ouverture de plusieurs millimètres, pratiquée dans le liége et donnant passage à la lumière ; en serrant ou en lâchant les anses qui entourent le membre, la circulation sera accélérée ou retardée. Cet appareil, ainsi que d'autres appropriés à des recherches spéciales, peuvent être disposés suivant le goût ou les exigences de l'observateur.

Enfin, les recherches microscopiques réclament souvent l'emploi *des agents chimiques*. Parmi ces agents, nous citerons en particulier l'eau distillée, l'alcool, la térébenthine, le baume de Canada, différents acides, et spécialement les acides acétique, chromique, sulfurique, chlorydrique, iodique (recommandé, au lieu de l'acide acétique, par Platner pour la démonstration des noyaux ou des cellules), des solutions de carbonate de potasse, de potasse caustique, de sel et de sucre ordinaires, de teinture d'iode pour déceler la présence de l'amidon, etc. Charles-Chevalier a construit un appareil pyro-chimique, composé d'une platine sous laquelle se trouvent deux lampes à l'alcool destinées à la chauffer ainsi que l'objet qu'elle supporte.

Nous pouvons clore cette section par une courte description de la boîte qui renferme le microscope et qui doit être construite comme les autres coffrets destinés à conserver les instruments. Il faut qu'elle soit solide mais non pas massive, et formée de matériaux secs qui n'absorbent pas l'humidité. Il est essentiel que les objets soient commodément disposés dans la boîte, de manière à empêcher qu'ils ne se heurtent ou ne soient ballottés lorsqu'on transporte l'instrument. Sous ce rapport, les instruments français sont supérieurs aux autres. Il vaut mieux faire doubler les parties qui l'exigent, de velours ou de drap au lieu de peau. On trouvera commode d'avoir, pour le voyage, une boîte d'emballage plus ordinaire, dans laquelle on abritera l'instrument contre toute chance de dégât.

CHAPITRE III.

INSTRUCTIONS SUR L'USAGE DU MICROSCOPE DIOPTRIQUE COMPOSÉ.

L'usage pratique du microscope s'acquiert bien plus facilement lorsqu'on est dirigé par une personne habile à s'en servir, ainsi que par l'étude particulière et l'expérience personnelle, que par l'observation de plusieurs règles qui, en conséquence de la nature du sujet, doivent nécessairement être imparfaites. Nous devons, au surplus, prendre en considération les dispositions diverses de l'instrument, les propriétés différentes des lentilles, la dextérité et les facultés de l'observateur, ainsi que la variété des objets sur lesquels portent les observations microscopiques. Tandis que quelques personnes emploient le microscope uniquement pour se récréer ou tout au plus pour observer les formes variées des objets, d'autres cherchent à démontrer le but de ces formes en découvrant les principes et les lois qui les gouvernent. Ce n'est qu'autant que ces deux classes d'individus continuent à être de simples observateurs, que la manière de faire usage de l'instrument est invariable; car dès qu'on tente de chercher la cause du fait observé, il faut aussitôt adopter une nouvelle disposition de l'objet, et comme, dans ce cas, on ne peut donner que des renseignements généraux, il est très important de se bien familiariser avec l'instrument, d'être très ingénieux et persévérant, et d'avoir cette sûreté de vision qu'une longue pratique peut seule procurer.

Dans les-pages suivantes, nous ne pourrons donc donner nos renseignements que d'une manière générale, nous proposant, dans ce chapitre, d'indiquer simplement les règles que l'on doit suivre pour conserver et disposer le microscope, pour l'éclairage et la préférence à donner aux grossissements, et pour le choix, la préparation, l'observation et la description de l'objet; en dernier lieu, nous traiterons de la mesure, du dessin et de la conservation des objets.

Les personnes qui possèdent un microscope et en font usage, doivent surtout veiller à sa *conservation*, et réellement, l'état dans lequel un observateur maintient son appareil, peut être considéré comme un indice de la manière dont il dirige ses observations. Lorsqu'un microscope sert continuellement, il vaut mieux ne pas le démonter; on peut le garantir de la poussière, etc., en le couvrant d'une cage de carton ou de bois mince sur les joints de laquelle on collera du papier. Quoiqu'un cylindre de verre orne davantage, il est plus exposé à des accidents et n'empêche pas l'action nuisible des rayons solaires directs.

L'instrument sera tenu à l'abri de l'humidité, des chocs ou commotions violentes qui pourraient déranger le centrage des lentilles. Il est moins facile de préserver les lentilles de la poussière ou des traces des doigts. On enlève la poussière d'abord avec un pinceau doux de poils de chameau; s'il devient nécessaire de nettoyer les verres, surtout lorsqu'ils sont humides ou salis par le contact des doigts, on pourra faire usage d'un morceau de linge fin qui ne soit pas trop usé, de crainte que les brins de fil n'adhèrent à la lentille et ne troublent l'observation. La peau souple n'est pas aussi bonne, parce qu'elle devient raide quand elle a été mouillée et que les corps étrangers, par exemple des grains de sable, s'y attachent aisément et raient les lentilles lorsqu'on les nettoie. Il est encore plus mauvais d'employer à cet usage de la soie, qui laisse souvent sur le verre une légère couche grasse. Il est bon de nettoyer les lentilles en conduisant la main circulairement, de manière que si, par une cause quelconque, on les raie, les traits soient concentriques à la circonférence du verre, ce qui est moins nuisible que lorsqu'ils traversent le centre. Si la lentille était ternie, on pourrait la nettoyer avec un peu d'essence de térébenthine (1); mais il faut s'en servir rapidement pour qu'elle ne pénètre pas entre les deux verres qui composent la lentille, lorsqu'ils sont collés avec le baume de Canada. Quand on a employé des agents chimiques, particulièrement ceux qui pourraient attirer de l'humidité sur l'objectif, il faut nettoyer les lentilles immédiatement après l'observation. Sous ce rapport, l'acide hydro-sulfurique attaque fortement le flint-glass qui contient une grande quantité de plomb et dont la surface plane est en dehors dans nos objectifs achromatiques ; il faudra donc éviter de laisser un microscope dans un laboratoire de chimie. Lorsque, pendant l'hiver, on transporte le microscope d'une chambre froide dans une pièce chaude, et qu'il se couvre d'humidité, il est préférable, ou d'attendre que l'humidité

______

(1) L'alcool absolu est bien préférable.

C.-C.

se soit dissipée ou de tenir l'instrument devant le feu pendant quelques moments, plutôt que de nettoyer tout l'appareil. En général, il vaut mieux éviter des nettoyages trop fréquents, moins nécessaires pour l'objectif parce qu'il est dirigé en bas et ne se salit ordinairement que faute de soins et lorsqu'on place l'objet sous la lentille; l'oculaire, tourné vers la partie supérieure, est sali plus aisément par le contact des cils.

Ce que nous avons dit des lentilles est également applicable aux lames de verre sur lesquelles on place les objets, et aux lames minces. Celles-ci seront nettoyées, quand cela deviendra nécessaire, avec de la batiste fine humectée d'eau ou de térébenthine(1); il faut aussi avoir soin de les bien nettoyer lorsqu'on y place l'objet soumis à l'observation. Comme ces lames ne sont pas d'un prix élevé, il ne faut pas se servir long-temps des mêmes verres, parce qu'on les raie avec facilité en les nettoyant. On essayera les nouveaux verres avant de s'en servir, pour reconnaître s'ils sont rayés ou autrement altérés, ou bien si quelque substance étrangère est attachée au verre ou à l'objet qu'on examine, parce que, dans ce cas, ils ne se trouveraient pas au même foyer. En tournant l'oculaire ou l'objectif sur son axe pendant l'observation, le mouvement fera reconnaître la position exacte de la poussière ou de la raie.

Plusieurs observateurs se servent toujours du microscope dans la position verticale, d'autres dans la position horizontale. La préférence est déterminée par l'habitude. Si l'instrument est employé verticalement, il faut qu'on

____

(1) L'alcool absolu est bien préférable.

C.-C.

se tienne debout pendant l'observation; il en résulte qu'une personne qui travaille pendant plusieurs heures consécutives, sera exposée à éprouver une fatigue générale et plus particulièrement de la douleur dans les muscles du cou et de l'oppression à la poitrine; on prétend aussi que le fluide lacrymal peut tomber à la surface antérieure de la cornée, et qu'en s'accumulant en plus grande quantité il trouble l'observation; cette objection est peut-être plus théorique que réelle. Quand on se sert du microscope dans la position horizontale, on a l'avantage de pouvoir s'asseoir pendant qu'on fait les préparations ainsi que durant les recherches; les mouvements de la main seront aussi plus sûrs, parce que le coude peut porter sur la table; cette position est encore la plus commode lorsque l'observateur veut dessiner un objet à la chambre claire; mais la puissance de l'éclairage est peut-être un peu moins grande que dans la position verticale, car il faut employer un prisme quand le tube du microscope est coudé.

Lorsqu'on est sûr que l'instrument est en bon état, il faut avoir soin d'ajuster exactement toutes ses parties. La table sur laquelle il repose doit être bien assise, pour que les secousses ne puissent lui imprimer aucun tremblement, ce dont on s'aperçoit très facilement pendant l'observation, car il suffit qu'une personne se promène dans la chambre pour que le mouvement de l'objet placé sous le microscope n'échappe pas à un observateur attentif. La surface de la table doit être horizontale, ou bien le microscope sera placé horizontalement, soit en le nivelant par un procédé quelconque, soit au moyen des vis calantes lorsque l'instrument en est muni; autrement, les objets suspendus dans un liquide, suivront la loi de la gravité et parfois disparaîtront entièrement du champ de vue. On comprend, sans doute, que la table sera d'une hauteur convenable à l'observateur, qu'il soit assis ou debout, de manière que ses mouvements ne soient pas gênés et que la position ne le fatigue pas. Il est bon d'avoir une table particulièrement destinée à recevoir le microscope et les autres appareils.

L'éclairage peut être produit par la lumière du jour ou par une lumière artificielle. Si l'on se sert de la première, la croisée qui éclaire la pièce où se trouve placé le microscope, devra de préférence être exposée au Nord, parce qu'on obtient ainsi la lumière la plus constante et que l'observateur n'est pas incommodé par les rayons directs du soleil. Il serait à peu près inutile de fermer les volets des autres croisées et de ne donner accès qu'à la quantité de lumière qui peut tomber sur le réflecteur, de façon que la pupille soit plus dilatée et reçoive un plus grand nombre de rayons; ajoutons que si la pièce n'est pas convenablement éclairée, on est gêné pour préparer et dessiner l'objet que l'on étudie. Afin de garantir l'objet contre la lumière réfléchie, on pourra fixer un écran devant la platine et l'objectif. L'horizon devra être aussi libre qu'il sera possible et ne présenter ni construction élevée et surtout de couleur sombre, ni des objets qui se balancent devant la croisée. D'après mon expérience, un ciel à nuages blancs fournit la meilleure lumière; il y a peu de personnes qui préfèrent un ciel bleu pur. Si le ciel est bleu et traversé de temps à autre par des nuages blancs, l'observation est troublée, parce que l'éclairage change à tous moments. Par un temps couvert, la lumière est généralement insuffisante. Il ne faut jamais avoir recours à la lumière directe du soleil, si ce n'est pour étudier certains corps moins transparents, et alors même, n'en faire usage que pendant quelques instants. La vive lumière du soleil fatigue les yeux ; on a cherché à combattre cet inconvénient en adaptant des verres colorés (bleus ou rouges) à l'oculaire ou sur l'objectif ; cette lumière rend parfois invisibles des objets très transparents et produit des apparences de stries et de flammes tremblottantes, encore plus prononcées lorsque l'objet n'est pas parfaitement immobile ; il arrive aussi que par l'effet de la diffraction, les corps se montrent entourés de franges irisées. Un bon nombre d'erreurs anciennes et même modernes, sont dues à l'usage d'une vive lumière solaire. Goring a conseillé de recevoir les rayons directs du soleil sur un miroir recouvert de plâtre à mouler ou de papier blanc qui les réfléchit ensuite sur l'objet ; mais on n'obtient pas de meilleurs résultats par ce moyen qu'à l'aide de la lumière ordinaire. Les rayons solaires peuvent, au contraire, être employés quelquefois pour étudier des corps opaques moins fortement amplifiés, ou ceux qui ont des couleurs foncées et brillantes.

Quand on se sert de la lumière artificielle, il faut employer de préférence une lampe d'Argand, dont la flamme est bien blanche et immobile ; la bougie ou la chandelle présentent des inconvénients, parce que la flamme ne brûle pas sans osciller et que la chandelle s'use pendant l'observation, en sorte qu'il devient nécessaire de changer constamment la position du réflecteur ou celle de la bougie. J'ignore si la flamme du gaz liquide est applicable aux recherches microscopiques. Il est inutile de se servir de plus d'une flamme, car le réflecteur ne peut être dirigé que vers une seule lumière à la fois. La lampe sera placée de telle manière que les distances du miroir à celle-ci et à l'objet, soient à peu près égales.

Au surplus, je dois conseiller à mes lecteurs de ne pas faire usage de la lumière artificielle, bien que je sache que plusieurs observateurs distingués font toutes leurs recherches le soir. La lumière artificielle fatigue l'œil bien plus que celle du jour; elle est moins fixe, et souvent il en résulte une apparence de tremblement dans les objets soumis à l'étude; en outre, les couleurs ne sont plus apparentes, et personne, assurément, ne niera que les recherches anatomiques ne présentent de plus grandes difficultés le soir que durant le jour. Je ne donnerai la préférence à la lumière artificielle que dans le cas où l'on observe des objets opaques, colorés profondément, des préparations injectées, par exemple, et surtout quand on a recours à une puissante amplification. Le conseil donné par Griffith, de faire passer la lumière d'une lampe, dont le jaune est ordinairement la couleur prédominante, à travers un verre teint de la couleur complémentaire, afin de produire de la pure lumière blanche, ce conseil est aussi mauvais, au point de vue théorique, que l'idée émise par Brewster, d'employer une lumière homogène; il manque d'exactitude pratique. Quand l'objet est opaque, on ne se sert pas du miroir réflecteur, si ce n'est avec le Lieberkuhn; dans tous les autres cas, l'objet doit être observé à la lumière réfléchie dont on augmentera l'intensité par les moyens déjà indiqués. Fait-on usage de la lentille de Selligue, on aura le maximum de lumière en tournant le côté plan vers la lumière et le convexe vers l'objet, lorsque la lentille est plano-convexe. Pour l'éclairage artificiel, la lumière doit être placée très près de la lentille.

D'un autre côté, si on se sert de la lumière transmise, le
miroir réflecteur devra être dirigé plus ou moins obliquc-
ment vers l'objet d'où elle émane, et l'on trouvera facilement alors le maximum d'éclairage en faisant exécuter
divers mouvements au miroir. Lorsqu'on emploie la lumière naturelle, ce que nous considérons comme constant
dans les remarques suivantes, on trouve la lumière
qui éclaire le champ de vue tantôt plus forte et rou-
geâtre, tantôt plus faible et tirant davantage sur le bleu.
En général, aucune de ces lumières n'est convenable aux
observations ; il faut que le miroir soit placé de manière à
fournir de la lumière blanche ; afin d'y parvenir, il est
souvent nécessaire de le tourner un peu sur le côté ; cette
disposition est encore utile lorsqu'un objet placé devant le miroir empêche l'accès de la lumière. Pour obtenir
un bon éclairage, le réflecteur doit être tantôt rapproché,
tantôt éloigné de l'objet, pourvu toutefois que la structure
du microscope permette ce mouvement de va et vient.

Nous avons déjà examiné les moyens qui permettent
d'augmenter et de diminuer l'éclairage à l'aide d'un diaphragme. Si le diaphragme n'existe pas, ce qui n'arrive
presque jamais avec les instruments modernes, il faut
changer la position du miroir ou bien y projeter de l'ombre avec la main. Quoiqu'il soit moins commode de procéder ainsi que de changer les ouvertures du diaphragme,
il est pourtant plusieurs circonstances où cette manœuvre
peut être préférée avec avantage ; quelques personnes re-
muent constamment le miroir pendant l'observation pour
placer l'objet dans des éclairages variés et surtout afin de
l'éclairer d'un côté tandis que l'ombre tombe sur le côté
opposé ; on peut également obtenir ce résultat avec le dia-

phragme, lorsqu'on n'emploie que la moitié d'une ouverture. Le plus grand nombre des observateurs laisse en
même temps le miroir dans la même position, une fois
qu'il est convenablement disposé; il faut alors veiller à ce
que les vis sur lesquelles pivote le miroir ne se relâchent
pas, de peur que la position ne varie tandis que l'on
observe. Quand on change l'éclairage, il est quelquefois
nécessaire de modifier légèrement la distance entre l'objectif et l'objet.

Relativement au *choix du grossissement convenable,* j'ai
déjà plusieurs fois conseillé l'usage des oculaires faibles et
des objectifs puissants, parce qu'ainsi on obtient une meilleure image qu'avec le procédé inverse. Les objectifs sont
ordinairement construits avec plus de précision que les
oculaires, et bien que l'image formée par l'objectif puisse
être amplifiée lorsqu'on la regarde à travers l'oculaire,
elle ne devient ni plus lumineuse ni plus nette. Les commençants se trompent souvent sur ce point, parce qu'il
est plus commode d'avoir une grande distance entre l'objet et l'objectif, soit au moment où l'on place l'objet sur la
platine, soit durant l'observation, en employant un puissant
oculaire et un faible objectif; il peut aisément arriver
que l'objectif vienne en contact avec la lame sur laquelle se
trouve l'objet, et que ce dernier soit déplacé en même temps
que la lentille sera ternie. Quand l'oculaire est très puissant, sa surface devient trop peu étendue pour embrasser
toute l'image formée par l'objectif, car la largeur du champ
de vue et l'intensité de l'éclairage décroissent avec les diamètres de l'oculaire et de l'objectif ou suivant le grossissement dont on fait usage. Il est donc préférable pour les
commençants, de choisir un objectif plus faible et de s'en

servir à rechercher l'objet et à le conduire au centre du champ visuel ; ils le trouveront ensuite avec beaucoup plus de certitude au moyen des lentilles plus puissantes. Le praticien plus exercé peut certainement recourir de suite au grossissement qu'il croit le mieux approprié à l'observation.

En général, on doit avoir soin de varier le grossissement le moins que l'on pourra, et quand cela sera possible, l'observateur devra toujours se servir du même microscope, parce qu'il est plus facile de se familiariser ainsi avec la disposition de l'instrument et les qualités des lentilles, et de reconnaître la combinaison d'objectifs et d'oculaires qui donne la meilleure image ; mais, surtout, on peut déterminer plus rapidement la véritable grandeur de différents objets, et, en même temps, il est plus facile de démontrer leurs proportions à d'autres personnes, lorsqu'on ne se sert que d'un ou de deux grossissements pour les dessiner. Il n'est pas rare de rencontrer sur une même planche des objets dessinés sur des échelles diverses, quoique la différence soit peut-être fort peu sensible, et il en résulte que la comparaison de la grandeur des objets présente beaucoup de difficultés. En résumé, deux grossissements suffiront : l'un plus faible, l'autre plus fort. On peut adopter, pour le plus faible, un grossissement linéaire de 20 à 50 diamètres ; pour le plus fort, un grossissement linéaire de 300 à 400, et au plus de 500 diamètres. Cette amplification est employée par les meilleurs observateurs ; il en est un bon nombre dont les recherches gont généralement faites avec un grossissement de 300. Une forte amplification n'a pas autant d'importance qu'une image pure et nette. De très hauts pouvoirs de mille fois ou plus, produisent très fréquemment une mauvaise image, en partie à cause de la faiblesse de la lumière, en partie parce que les contours des objets ne se montrent pas avec assez de netteté; il est bien rarement nécessaire d'avoir recours à d'aussi hauts pouvoirs pour examiner les parties les plus délicates des objets.

Nous avons déjà parlé des diverses combinaisons des objectifs avec les oculaires, et nous verrons tout à l'heure que chacun doit calculer le pouvoir pour lui-même. Afin d'augmenter ce pouvoir, on peut, soit changer l'oculaire ou l'objectif, soit les deux, soit allonger le tube du microscope; mais, ainsi que nous l'avons déjà fait remarquer, bien que l'image augmente lorsqu'on emploie le dernier procédé, il en résulte une diminution de la lumière, du champ de vue et de la netteté de l'image. On devra donc y avoir recours très rarement.

La préparation de l'objet soumis à l'étude exige la même précision et la même dextérité que les dissections anatomiques; le succès des recherches dépend du soin que l'on apporte à la préparation, et ce n'est que dans des cas fort rares que l'on peut s'en dispenser. Mais le grand nombre des corps aussi bien que les dispositions individuelles, s'opposent à ce que l'on puisse établir autre chose que des règles générales pour la préparation des objets, et il adviendra souvent que l'on emploira beaucoup de temps et plusieurs procédés avant de découvrir celui qui permettra d'analyser bien nettement la structure des différentes parties. D'un autre côté, deux observateurs peuvent arriver au même résultat par différentes méthodes, et chacun d'eux estimera que son mode de préparation est le meilleur

Il faut d'abord reconnaître si l'objet se prête aux recherches microscopiques. Nous n'avons pas seulement en vue
les cas dans lesquels le microscope ne peut nous fournir
des caractères plus prononcés que ceux que nous aperce-
vons à l'œil nu, non plus que ceux où le microscope en
fournit moins encore, parce que les différences qui peuvent exister moins dans les parties élémentaires que dans
leur disposition, disparaissent fréquemment sous le microscope, quoiqu'elles soient visibles à l'œil nu. Nous entendons parler ici de ces influences extérieures qui font
que les objets se montrent à nos yeux dans des conditions
qui ne sont plus normales. Actuellement, nous poserons
comme règle de ne jamais soumettre au microscope un
corps qui n'est pas parfaitement frais, au moins pour le
premier examen. Il est certain que l'observateur devra être
bien familiarisé avec les changements que détermine la
mort et l'influence des agents externes (l'air, l'eau, le
froid, etc.). Nombreuses sont les erreurs qui se sont glis-
sées dans la science, parce que les observateurs ont fait un
mauvais choix de matériaux et ont observé et décrit des
formes qui avaient cessé d'être normales. Il ne faut pas
oublier non plus, que tandis que plusieurs parties des
animaux et des plantes conservent long-temps après la
mort les formes naturelles et la disposition des parties
élémentaires, et peuvent en conséquence servir à la
fois aux recherches anatomiques et microscopiques, il en
est d'autres, surtout dans le règne animal, chez lesquelles,
au contraire, la forme et la disposition se montrent sous
des conditions qui nous permettent à peine de former des
conjectures relativement à leur état naturel. Je rappel-
lerai seulement à ce sujet, les recherches relatives à la

rétine, et les opinions erronées sur la structure de cet organe, nées pour la plupart du mauvais choix de l'objet.

Les règles essentielles pour la préparation des objets destinés aux recherches microscopiques, dépendent, en général, de la consistance de ces objets. Le but de la préparation est de réduire les parties opaques à un tel état de ténuité, et les corps fluides à une couche si mince, que l'on puisse faire usage de la lumière transmise. En conséquence, les substances opaques que l'on ne peut rendre transparentes ou que l'on ne veut examiner qu'à la lumière réfléchie, n'exigent aucune autre préparation que celle qui est nécessaire pour les fixer sur un fond convenable. On devra les poser sur la platine et les étudier de la manière que nous avons déjà indiquée en traitant de l'éclairage des corps opaques par la lumière réfléchie. Il sera bon, s'il est possible, de disposer en même temps la surface de l'objet de façon qu'elle soit plane et que cette surface entière se présente à égale distance de l'objectif. L'image est plus lumineuse lorsqu'on la voit sur un champ poli. Si le corps n'est pas brillant par lui-même, on peut lui donner cet aspect au moyen d'une mince couche d'eau, de térébenthine ou de quelque autre vernis.

Lorsque, au contraire, l'objet doit être observé sur une lame de verre, au moyen de la lumière transmise, et s'il n'a que peu de consistance, il faut en couper une tranche aussi mince que possible. Cette opération exige une certaine habitude, surtout quand on veut obtenir une tranche de quelque étendue. On emploie rarement des ciseaux à cet usage, parce qu'ils exposent à écraser l'objet. Il vaut mieux se servir d'un couteau ordinaire bien tranchant ou

à large lame, lorsqu'on a besoin de tranches plus grandes ;
dans ce cas, ainsi que dans d'autres, on peut avoir recours
à un rasoir bien affilé. Le couteau double de Valentin est
fort utile pour couper de larges tranches que l'observateur
a l'intention de conserver. En général, on coupera plus facilement avec un couteau ordinaire. Afin que la tranche se
détache plus aisément du couteau, il faut laisser tomber
une goutte d'eau sur le corps ou tremper l'instrument
tranchant dans ce liquide ; il sera même nécessaire parfois
d'opérer la section dans l'eau. Dans le cas où l'objet serait
très petit, délicat et difficile à tenir entre les doigts, on le
posera sur un morceau de liége mince ou bien on le fixera
sur ce dernier et on coupera les deux à la fois. On se servira également de la moelle du sureau ou d'une plume
d'oie. Le microtome d'Oschatz serait utile pour tailler un
grand nombre de pièces semblables, si cet instrument n'é-
tait pas si compliqué et d'un prix aussi élevé. Pappenheim
se sert d'un rabot pour faire des lames très longues ; au
moyen d'un rabotage répété, il divise le corps en plusieurs
copeaux minces ; mais le corps doit être durci dans une solution de carbonate de potasse ou dans la créosote, dont
nous allons bientôt nous occuper.

Si la substance est trop dure pour qu'il soit possible de
la couper avec un scalpel, il faut se servir d'une lime ou
d'une meule. Dans ce cas, on unira bien un des côtés
de l'objet, que l'on fixera solidement avec de la gomme ou
de la cire à cacheter, sur un mandrin de bois, puis on
usera l'autre côté avec la lime ou la meule. Durant cette
opération, il est préférable de fixer le corps sur une lame
de verre, afin de ne pas le perdre de vue et de savoir s'il
est assez mince pour être éclairé par la lumière trans-

mise. On dissoudra la gomme ou la cire à cacheter en faisant tremper la préparation dans l'eau froide pendant quelque temps. Dans la plupart des cas, la pièce entière devra être d'une égale épaisseur ; mais, parfois, on peut la couper plus mince dans certains points que dans d'autres, pour mettre mieux en évidence la disposition des parties élémentaires. Les lames seront coupées en différents sens, longitudinalement et transversalement, de manière qu'on puisse avoir une image distincte des éléments constitutifs et de leurs positions relatives, quand on les examine *de face ou de profil.*

Enfin, si l'objet est très mou, en sorte qu'il ne puisse être coupé en lames assez minces, on pourra obtenir un degré de ténuité convenable en en comprimant une petite portion ; dans ce cas, on fera usage de l'un des compresseurs, ou bien l'objet sera recouvert d'une lame de verre mince que l'on pressera légèrement avec une aiguille contre la plaque de verre qui supporte les corps. Ceux-ci sont quelquefois tellement mous, que le poids de la lame mince suffit pour les rendre assez minces et assez transparents. Si l'on craint que la pression ne soit trop forte (comme, par exemple, lorsqu'on étudie les mouvements des infusoires dans un fluide) ou lorsque l'observateur désire voir une lame plus ou moins mince de l'objet, on placera entre les deux verres un cheveu délié ou un autre objet très mince, à une distance plus ou moins grande de l'un des bords ; le corps interposé de cette façon s'opposera à une trop forte pression. Si les parties élémentaires sont dans un fluide, il est presque toujours ou toujours inutile de le préparer, et il suffit de mettre une petite goutte du liquide sur le verre et de la couvrir d'une glace mince, pour lui donner l'aspect d'une pellicule transparente au moyen d'une pression plus ou moins forte.

Parfois il peut être utile de durcir la substance afin de pouvoir couper quelques portions des parties les plus molles. Dans ce but, on a recours à l'alcool, à la créosote, au carbonate de potasse, et surtout à l'acide chromique très étendu. L'acide chromique facilite la séparation des éléments lorsqu'on les prépare avec des aiguilles, et les rend plus distincts en les colorant en jaune. Les éléments du plus grand nombre des substances animales se conservent sans altération dans l'acide chromique dilué ; plusieurs d'entre eux deviennent plus distinctement visibles que dans leur état ordinaire ; ce réactif est donc particulièrement utile pour la conservation des objets soumis à l'observation microscopique. Il est un autre mode de préparation qui consiste à dessécher le corps, puis à en détacher des tranches minces qu'il faut ensuite ramollir dans un liquide avant de les soumettre à l'observation. On peut préalablement faire macérer, bouillir ou traiter d'autres portions par les agents chimiques, par exemple l'éther ou la térébenthine, afin d'en séparer les parties grasses ; l'acide chlorhydrique pour dissoudre la chaux ; l'acide acétique ou iodique dans le but de déceler les noyaux des cellules ; l'acide sulfurique pour faire voir l'épiderme des cheveux ; l'iode pour connaître les globules d'amidon ; l'indigo ou le carmin pour étudier le canal alimentaire des infusoires. On peut faire des coupes transversales de poils, en se rasant ou en fixant les poils dans une fente (comme pour faire une brosse) et en les coupant en travers, etc. Chaque observateur adoptera, du reste, le procédé qui lui paraîtra le mieux approprié, car, dans des cas semblables, quelques personnes auront recours à un moyen de préférence à un autre qui demande plus de soins. Ainsi, par exemple, il est plus facile de se procurer une lame mince de l'os ethmoïde, quand on veut observer les molécules osseuses, que de faire la même préparation sur un plus grand os, et ainsi du reste. Nous ne pouvons pas aborder ici la description de l'effet produit par les agents chimiques en général ; nous renverrons nos lecteurs aux traités de chimie.

Il suffit souvent, pour le plus grand nombre de parties des plantes et plusieurs de celles des animaux, de les couper en tranches minces ; mais la majeure partie des substances animales exige d'autres procédés, surtout quand elles sont ou assez tendres ou trop dures pour qu'il soit possible d'en former des tranches minces. Dans ces différents cas, on place un fragment de la substance sur une lame de verre et on le divise en parties aussi petites que possible avec un scalpel à pointe déliée ou avec une aiguille. Cette opération a pour effet de séparer et d'isoler les parties élémentaires, tandis qu'en même temps de plus grands échantillons peuvent être mieux étudiés dans leurs dispositions relatives, lorsqu'ils sont divisés de cette manière. On fait quelquefois cette préparation à l'aide d'une loupe.

Il est nécessaire d'ajouter un liquide à la préparation avant d'examiner les tranches ou les fragments d'un corps. L'un des buts principaux de cette addition, est d'empêcher que la substance ne se dessèche par l'évaporation ; d'ailleurs, les parties élémentaires se séparent pendant qu'on dissèque, de manière qu'elles n'adhèrent pas entre elles ou à la lame de verre, mais restent mobiles et nagent librement dans le liquide ; en même temps, la surface du corps devient lisse et reçoit une espèce de poli, tout en acquérant plus de transparence et plus de netteté dans les contours. Ce n'est que dans le cas où l'on veut faire voir les bords de l'objet d'une manière plus prononcée, ou lorsque le liquide rend les parties trop transparentes, que l'on se dispense d'en ajouter. Quand les parties élémentaires se trouvent naturellement placées dans un liquide, il est ordinairement inutile d'en ajouter un autre, à moins que ces parties ne soient tellement nombreuses, qu'elles encombrent tout le champ de vue et que la liberté de leurs mouvements en soient gênés.

Comme le plus grand nombre des tissus des règnes animal et végétal contiennent naturellement de l'eau, c'est de ce liquide que l'on se sert d'habitude. L'eau distillée est préférable, mais ordinairement il suffit d'employer l'eau de source pure, parce qu'elle ne contient pas souvent des substances solides étrangères, telles que des infusoires. Toutefois, ces derniers peuvent aisément troubler l'observation lorsqu'ils nagent autour de la préparation (1). Il est rare que l'on ait besoin d'employer de l'eau chaude.

Dans plusieurs cas, l'addition d'eau ne nuit pas aux parties élémentaires ; d'autres fois, au contraire, celles-ci sont matériellement altérées en absorbant le liquide, qui modifie leur structure et peut même les dissoudre. D'autres fluides dont l'action est supportée plus aisément par

(1) On commet une erreur en supposant qu'une goutte d'eau contient plusieurs milliers d'infusoires ; en s'exprimant ainsi, on veut seulement dire que ces animalcules sont si petits, qu'une pareille multitude pourrait se loger dans une goutte d'eau ; mais, heureusement, cela n'a pas lieu dans l'eau de source assez pure, qui renferme fort peu d'infusoires.

certaines substances, ont été conséquemment employés comme milieux atténuants ou délayants. Nous pouvons signaler les dissolutions de sel ou de sucre commun, le blanc d'œuf, le sérum du sang, les fluides de l'œil, les acides étendus, et principalement les acides acétique et chromique, l'alcool dilué, surtout quand les substances ont déjà été conservées dans ce liquide ; enfin, la créosote, l'huile et la térébenthine. Cette dernière convient surtout aux substances sèches, par exemple, aux dents, aux cristaux, aux pétrifications ; mais souvent elle donne trop de transparence aux parties élémentaires. La salive ne vaut rien, parce qu'elle est mêlée de fragments d'épithélium et de bulles d'air qui troublent également l'observation. Il est évident qu'on ne choisira pas les milieux qui pourraient dissoudre les objets, soit des acides pour les cristaux, soit de la térébenthine pour un corps gras, pas plus qu'il n'est possible d'ajouter de l'huile à une préparation qui contient de l'eau, à moins que ce ne soit dans un but particulier.

Il existe des substances, telle que la rétine, qui ne permettent pas l'addition les fluides et qu'il faut laisser dans le milieu où elles se trouvent plongées. Dans ce cas, on n'ajoute les fluides que pour vérifier leur action sur les parties élémentaires, après qu'elles ont été étudiées dans leur état normal.

En général, on ajoute le fluide avant de commencer la préparation de l'objet avec un scalpel ou une aiguille. Mais si la substance est très molle et qu'il soit à craindre qu'elle ne résiste pas bien à l'action du fluide, il vaut mieux la couvrir d'abord d'un verre mince, puis déposer une goutte de liquide sur un scalpel, l'approcher du bord de la lame mince et la laisser s'introduire par suite de l'attraction capillaire. On a encore recours au même moyen quand la substance se trouve déjà sur la platine et que l'on veut observer l'effet immédiatement produit par l'addition d'un fluide semblable ou d'une autre nature.

On peut, dans le même but, poser sous la lame mince un brin délié de coton, puis déposer sur la plaque de verre une goutte de liquide et y plonger l'extrémité libre du fil; de cette manière le fluide sera conduit jusqu'à l'objet. On aura soin de ne pas ajouter assez de liquide pour qu'il puisse refluer sur la lame supérieure, ce qui arriverait facilement si celle-ci était très mince. Si l'on a ajouté trop de liquide, l'objet devient trop mobile. On peut absorber le fluide surabondant avec du papier buvard. Quand on étudie la formation des cristaux, on diminue la quantité du liquide en concentrant la solution. Lorsque le fluide commence à s'évaporer, il se retire parfois du champ de vue en décrivant une courbe, entraînant avec lui tous les corpuscules, et souvent il reste sur le verre plusieurs stries entrecroisées dont la disposition peut être assez régulière et simuler des ramifications fibreuses.

Nous avons déjà parlé de l'emploi des verres minces. L'objet soumis à l'observation est recouvert d'une de ces lames, en partie pour empêcher l'évaporation et conserver l'humidité du corps, en partie afin que l'objectif ne soit pas couvert de vapeur et terni ; enfin, dans le but de déterminer une légère pression par laquelle les parties élémentaires sont séparées les unes des autres, placées sur un même plan et rendues immobiles. Dans le plus grand nombre d'observations, l'objet est recouvert d'une glace mince ; toutefois celle-ci n'est pas absolument indispensable, surtout lorsqu'on fait usage d'un faible pouvoir grossissant. Il existe des substances si molles qu'elles ne peuvent admettre la superposition d'un verre, tandis que dans d'autres cas, un verre plus épais pourra, par son poids, comprimer le corps plus fortement et remplacer ainsi un véritable compresseur. Nous avons déjà signalé l'usage de cet instrument en donnant le conseil de ne pas se servir d'un verre supérieur assez épais pour empêcher que l'objet ne soit amené au foyer de l'objectif.

En examinant des microscopes construits par différents opticiens, on reconnaîtra que les uns donneront une meilleure image quand l'objet sera couvert d'une lame de verre, tandis que les autres, au contraire, fonctionneront mieux sans cette précaution ; bien plus, on verra que certains corps, examinés avec un même pouvoir amplifiant, seront vus plus distinctement et mieux définis lorsqu'on les recouvrira d'une lame mince, et qu'on en observera mieux d'autres à découvert. Un examen plus attentif fera rencontrer certaines combinaisons d'objectifs et d'oculaires avec lesquelles l'un ou l'autre de ces procédés donnera la meilleure image, quand on modifiera la longueur du tube de l'instrument et lors même que l'épaisseur variable de la glace superposée aurait quelque influence. Cette diversité d'effet résulte de ce que le constructeur, en combinant les lentilles pour obtenir une bonne image, se sert, tout d'abord, d'un *test-object* couvert ou non d'une lame de verre, et dispose ensuite ses lentilles de manière à détruire l'aberration par l'un ou l'autre procédé. Mais, ici encore, les propriétés particulières de la substance doivent être prises en considération, bien que l'on ne puisse poser aucune règle précise à cet égard. Puisqu'il est avantageux, dans la plupart des cas, de couvrir l'objet d'une lame mince, on devra préférer les microscopes qui en permettent l'emploi. En général, la différence de pureté de l'image, lorsqu'on fait ou non usage de la lame de verre, est surtout appréciable quand on se sert de forts grossissements.

On peut commencer l'*observation* aussitôt que l'objet est convenablement préparé. Il sera placé avec précaution sur la platine, tandis que l'observateur évitera de le faire toucher à l'objectif. En conséquence, les commençants feront bien de conserver un assez grand espace entre l'objectif et la platine, quand ils y placeront l'objet. Si l'objectif devient humide, soit par le contact de l'objet, soit sous l'influence des vapeurs qui s'en dégagent (accident contre lequel il faut également se tenir en garde dans le cours de l'observation) et pourraient le ternir, on le séchera immédiatement, ou bien l'opérateur attendra quelques instants que les vapeurs disparaissent. Alors l'objet sera amené au foyer par l'un des moyens que nous avons déjà indiqués pour ajuster la platine ou le tube; on se servira d'abord du pignon et de la crémaillère, puis, lorsque le microscope en est pourvu, de la vis à pas fins, qui donne une plus grande exactitude.

L'œil doit être placé le plus près possible de l'oculaire, afin d'obtenir un large champ visuel et d'exclure la lumière latérale; pourtant il ne faut pas que les cils viennent en contact avec le verre, de peur que l'observation ne soit troublée et l'oculaire terni. Comme il n'est possible d'observer qu'avec un seul œil, il vaut mieux fermer l'autre, pour ne pas le fatiguer, surtout quand il doit rester long-temps ouvert directement en face de la lumière. Il est rarement utile de couvrir l'œil d'un bandeau ou de se servir de l'écran noir fixé à l'oculaire et dont nous avons déjà parlé. On ferait bien de s'accoutumer à observer alternativement avec les deux yeux, parce que, autrement, la puissance visuelle perd son égalité dans les deux organes. L'observation ne devra jamais être continuée assez long-temps ni par une lumière assez vive pour fatiguer l'œil.

Le jeu du pignon ou de la vis doit être conduit avec délicatesse mais d'une main ferme quoique légère. Il est bon, en conséquence, de reposer le coude sur la table devant laquelle on est assis, ou d'appuyer le bras contre le corps, lorsqu'on est debout. Quand on est assis, il ne faut pas que la poitrine touche la table, de crainte que les battements du cœur ne viennent troubler l'observation. Ainsi que dans beaucoup d'autres occasions, il est bon de s'accoutumer à se servir des deux mains ; mais, en général, les têtes des vis qui produisent les mouvements sont placées d'un seul côté, et la main du côté opposé peut servir à faire mouvoir l'objet sous l'objectif et à régler le réflecteur et le diaphragme. Durant l'observation, la tête du pignon doit toujours être tenue d'une main, afin qu'il n'y ait aucune interruption entre les petits mouvements nécessaires pour observer les bords et la surface de l'objet, ainsi que pour examiner quelque autre corps placé dans le même champ de vue, mais non pas au même foyer. L'observateur évitera de rapprocher jusqu'au contact l'objectif et l'objet, ou bien, de heurter les pièces assez fortement pour les endommager ou les rompre, quand le dernier est couvert d'une lame de verre. Cet accident est presque inévitable si l'on ne fait pas attention au sens dans lequel il faut tourner la vis ou si on la tourne trop rapidement. Plus l'objet et l'objectif sont rapprochés par la mise au point, plus il faut conduire la vis avec lenteur et précaution. On aura également soin, pendant l'observation, de s'assurer de la plus courte distance à laquelle il est prudent de placer les objets. Les objectifs puissants, dont le foyer est très court, exigent les plus grandes précautions.

Il ne faut pas oublier que l'image est renversée, et qu'en conséquence, l'objet se meut en sens opposé, à moins qu'on n'ait placé sur l'oculaire un prisme redresseur de l'image ; mais on se sert rarement de cet appareil et il est facile de s'habituer à ce mouvement inverse. La platine mobile est très commode pour faire mouvoir le corps sous l'objectif, cependant on peut s'en passer. Tandis que l'on fait marcher l'objet, il ne faut jamais le soulever sur la platine, mais seulement le faire glisser, afin d'éviter le contact avec l'objectif. Par exemple, il est nécessaire de faire glisser en avant et en arrière, la plaque de verre qui supporte l'objet, dans le but de le rencontrer et de voir les parties constituantes sous autant de formes que possible. Quand il peut être utile d'observer les parties élémentaires sur toutes leurs faces, on les laissera nager dans le liquide, ce qui permettra de reconnaître leur consistance lorsqu'elles se rencontreront entre elles ou avec d'autres corps. On obtient cet effet en mettant toute la masse en mouvement ou par des chocs légers sur la bande de verre, ou bien par l'addition ou la soustraction d'une petite quantité de fluide. Si la préparation n'est pas recouverte d'une lame de verre, le mouvement pourra encore être produit par l'évaporation qui se fera en raison directe de sa rapidité. Cependant, l'observateur ne doit pas se laisser tromper par le déplacement des parties qui peut être dû à la présence dans le liquide d'infusoires ou de cellules vibratoires. On reconnaîtra bientôt si la platine est ou non horizontale, par la direction constante des corps vers un même côté. Si l'on veut étudier en même temps les parties élémentaires combinées entre elles ou isolées, il vaut mieux porter son attention sur le bord d'un fragment. De temps en temps, il sera encore utile d'employer la compression afin de rendre l'objet plus transparent.

Il n'est pas difficile de regarder simplement un objet dans le microscope, quoiqu'il n'en soit pas de même lorsqu'il faut examiner pour *rendre compte* de ce qu'on a observé. Les difficultés, dans ce cas, dépendent principalement de la manière dont les corps sont éclairés quand on se sert de la lumière transmise. Il est beaucoup plus facile d'observer et d'expliquer la nature des corps opaques vus à la lumière réfléchie, parce que celle-ci vient d'en haut et d'un seul côté, tandis que l'ombre tombe du côté opposé, ainsi qu'il arrive lorsqu'on regarde à l'œil nu les objets éclairés par la lumière réfléchie. Les couleurs des corps, qui les font reconnaître plus aisément, ne sont pas changées, non plus, par la lumière réfléchie. Avec la lumière transmise, dont on fait usage dans le plus grand nombre d'observations, les couleurs, même éclatantes, disparaissent facilement ; tous les rapports de lumière et d'ombre sont changés, et souvent il faut avoir une grande pratique pour décider si le corps que l'on observe est solide ou creux, si c'est un cylindre creux ou solide, une longue bande plate, une portion de fibre, un globule ou un disque, **un orifice** ou un point, une saillie ou une cavité, et **ainsi de suite.**

Si nous ne pouvons reconnaître ces différences au premier examen, c'est tout simplement parce que, en regardant à travers le microscope, nous ne voyons bien nettement que la partie plane de l'objet placée exactement au foyer de l'objectif, tandis qu'un autre plan, situé plus ou moins loin, paraît trouble ou peu distinct. Le pouvoir que possède l'œil de s'accommoder aux différentes distances et qui nous vient en aide quand nous observons alternativement des corps plus ou moins rapprochés, nous fait défaut dans les observations microscopiques, et nous ne pouvons y suppléer qu'en rapprochant ou en éloignant les lentilles de l'objet, afin d'amener au foyer les divers plans. Dans plusieurs cas, lorsqu'il est difficile, à l'œil nu et à une grande distance, de distinguer un bas-relief d'une peinture, nous avons recours au changement de position de l'œil, nous nous rapprochons de l'objet, nous le touchons pour décider la question lorsque la ressemblance est très grande; mais ces moyens nous manquent dans les observations microscopiques et ne sont qu'imparfaitement compensés par l'éclairage plus ou moins fort qu'on emploie alternativement. Enfin, la démonstration est rendue difficile par une modification particulière (diffraction) que subit la lumière transmise (par suite de l'interférence des rayons), lorsqu'elle passe sur les bords des objets, et qui les fait paraître bordés d'une frange blanche déliée, que l'on pourrait prendre, dans un corps rond, par exemple, pour une mince pellicule, ou pour un tube périphérique dans un objet allongé, ou bien qui porterait l'observateur à croire que le corps a un double contour. La diffraction est d'autant plus prononcée que l'on fait usage d'objectifs plus puissants et surtout que l'on examine des corps transparents à bords bien tranchés ; elle produit moins de confusion quand on se sert d'objectifs faibles et d'objets moins transparents ; elle est encore plus forte quand l'objet n'est pas exactement au foyer, mais elle disparaît lorsqu'on change la position du miroir réflecteur. J'ai remarqué que la diffraction était plus prononcée dans quelques microscopes que dans d'autres, sans pouvoir en découvrir la véritable cause ; peut-être réside-t-elle dans le plus ou moins d'ouverture de l'objectif. Cette ligne blanche et déliée devient hérissée quand on se sert de la lumière solaire directe ou d'une lampe puissante au lieu de la lumière ordinaire. L'ignorance des lois de la diffraction a donné lieu à de nombreuses erreurs chez les observateurs primitifs, surtout dans des observations faites à la lumière directe du soleil, et l'on reconnaîtra son influence même dans des descriptions tracées par des autorités modernes.

Les difficultés que présente la démonstration des faits observés, peuvent cependant être amoindries par l'application des règles ci-dessus énoncées pour la préparation et l'observation, et en tenant compte des dernières causes que nous avons signalées ; mais on ne s'en affranchira entièrement que par une étude attentive et prolongée, ainsi que par la dextérité pratique. La promptitude avec laquelle peut être acquise cette faculté d'interpréter les observations, dépend en grande partie des facultés de l'observateur. L'état de santé de l'œil est la condition principale, mais il faut y joindre le sentiment de la forme et la prompte intelligence de ses modifications, car ce n'est que par la combinaison de ces facultés que l'on peut se faire une idée claire et précise d'un objet. Le sens de la vue est soumis aux mêmes lois que le sens de l'ouïe ; une chose est de pouvoir entendre les sons, une autre de les comprendre, de les combiner et de les émettre sous une forme mélodieuse. Là se borne l'analogie de ces deux sens ; le sens visuel est le seul, jusqu'à ce jour, que l'homme ait eu la puissance d'augmenter, et nous ne connaissons pas encore de moyens aussi remarquables pour remédier aux imperfections de l'ouïe. L'augmentation de la puissance visuelle a entraîné toutefois les inconvénients que nous avons signalés plus haut, mais cela n'a lieu que lorsqu'on n'a pas présent à l'esprit que le microscope peut produire des illusions optiques. L'observateur doit éviter avec soin d'attribuer au microscope des erreurs qui ne sont dues qu'à son manque de soin et de précision. Parmi les causes d'erreur, nous mentionnerons les stries grasses sur les lentilles, les raies sur les lames de verre, formées en préparant les corps avec des aiguilles, ou bien les traits produits sur l'objet dans les points qui ont été usés à la lime ou à la meule, surtout quand le corps a une structure fibreuse ou une surface striée. On pourrait prendre pour des parcelles de la substance qu'on observe, la poussière déposée sur les lentilles ou sur les lames de verre, ainsi que les molécules détachées de l'étoffe dont on se sert pour les nettoyer ; enfin, nous signalerons l'oxyde de fer employé au polissage et les bulles d'air dans les lames de verre, etc. Attribuer à l'instrument les effets produits par les causes précédentes, équivaudrait presqu'à l'erreur que l'on commettrait en confondant le frottement des habits avec la crépitation, durant une exploration stéthoscopique. Si un observateur est assez insouciant pour se hâter de publier de telles observations, il décèle un manque de soin et une confiance excessive en ses facultés, qu'il aurait dû fortifier et éprouver, en commençant par l'examen d'objets faciles et connus, pour passer ensuite à d'autres plus nouveaux et plus compliqués. Le plus grand nombre d'erreurs ainsi que le discrédit dans lequel les observations microscopiques étaient tombées, non sans raison, pendant un certain temps, doivent être attribués à la mauvaise interprétation des faits observés. Toutefois, cet état de choses a été modifié non-seulement par l'amélioration des instruments, mais aussi par le plus grand savoir des observateurs et par les soins et l'intelligence que réclame une observation microscopique pour acquérir une valeur scientifique ou obtenir un peu plus d'attention qu'une simple relation.

Parmi les circonstances ordinaires qui peuvent troubler l'observation, mais n'entraînent que rarement une fausse interprétation, nous parlerons brièvement de deux causes d'erreur qui viennent s'ajouter à la présence fréquente de petites ou de grosses bulles d'air développées dans la préparation et qui attirent particulièrement l'attention des commençants, mais avec lesquelles ils se familiarisent bientôt. La première est connue sous le nom de *muscæ volitantes*, dont plusieurs personnes sont affectées et qui trouble souvent l'observation. Ce sont, en général, des molécules arrondies, groupées ou réunies comme des rangs de perles courbés de différentes manières et qui se présentent sans cesse devant l'œil. Mais comme la forme qui se montre dans le champ de vue est toujours la même, il est facile de distinguer la substance que l'on observe, de ces illusions ainsi que des grains de poussière qui se trouvent par hasard sur les lentilles ; nous avons déjà dit que l'on reconnaissait aisément ceux-ci en tournant l'oculaire ou l'objectif. Un autre phénomène microscopique assez commun, est le mouvement moléculaire décrit d'abord par Brown. Il consiste en ce que toutes les molécules qui se rencontrent dans une couche mince de fluide, sont douées d'un mouvement spontané constant qui s'accélère en raison de la ténuité des molécules. La grandeur des corpuscules doués de ce mouvement, varie (pour établir la comparaison sur des objets connus) depuis les molécules du pigment noir de l'œil, jusqu'aux globules du sang humain. Le mouvement est tremblottant ou circulaire, et parfois irrégulier, de manière qu'une molécule peut traverser une plus ou moins grande partie du champ de vue ; il est plutôt oscillatoire quand les corpuscules sont un peu allongés.

Le mouvement peut être assez fort pour se communiquer à des corps plus volumineux. Il est spontané et ne résulte pas de l'évaporation, car le mouvement que produit cette dernière est beaucoup plus fort, les particules sont mues dans le même sens et l'aspect est souvent celui d'un fluide en ébullition. Le mouvement moléculaire, au contraire, est égal, même quand on prévient l'évaporation ; par exemple, dans le cas où le liquide qui contient les molécules est environné d'huile ou renfermé dans un tube de verre scellé ; cependant on prétend qu'il augmente lorsque le liquide est chaud ; mais il n'est pas influencé par la lumière, l'électricité, le magnétisme et les agents chimiques. Il continue sans intermittence pendant plusieurs années dans des préparations hermétiquement closes.

Parmi les parties accessoires du microscope, nous n'avons fait que mentionner l'appareil destiné *à mesurer et à dessiner* les objets, nous réservant de donner actuellement de plus amples détails sur son usage. Nous allons donc nous en occuper ici ; nous ajouterons ensuite quelques observations sur la *manière de conserver les préparations microscopiques.*

a. De la micrométrie.

La grandeur d'un objet doit être prise en considération lorsqu'il s'agit de définir la nature d'un objet. En général, la grandeur des objets visibles à l'œil nu est déterminée par une comparaison avec une échelle invariable divisée en pieds, pouces et fractions ; pour les objets microscopiques, l'échelle doit aussi être microscopique ; l'on a donc imaginé un appareil spécial pour cette détermination. On comprend que les divers moyens usités pour mesurer les grandeurs microscopiques sont désignés sous le nom de « micrométrie ; » leur application réclame l'emploi de divers instruments. La micrométrie comprend la mesure de l'objet observé et la détermination du nombre de fois qu'il est amplifié ; les deux estimations sont intimement liées entre elles.

Autrefois, *la mesure des objets microscopiques* était obtenue par leur comparaison avec d'autres petits objets, par exemple, l'épaisseur d'un fil d'araignée, la poudre de lycopode et les sporules du lycoperdon bovista (vesse de loup), ou des grains de sable (Leeuwenhoek) dont un cent occupait l'espace d'un pouce. Jurin se servait de petits fragments de fil d'argent dont un certain nombre de tours enroulés sur une aiguille, avaient un pouce de long. Il est évident que ces procédés métriques étaient loin de donner des résultats exacts.

Wollaston et Goring ont construit deux micromètres qui ne peuvent recevoir qu'une application partielle au microscope simple et consistent en fils métalliques ou en cheveux disposés parallèlement derrière l'objet, de manière que, pendant l'opération, celui-ci paraît reposer sur eux et que sa grandeur est déterminée par la longueur ou l'écartement, réglé d'avance, des fils ou des cheveux. Mais ces micromètres, de même que les mesure-laine de Dollond, applicables seulement au microscope simple, ne sont plus employés avec le microscope composé.

Le micromètre de Dollond est formé des deux moitiés d'une même lentille, qui font voir l'objet simple lorsque ces deux moitiés sont juxtà-posées, mais le font paraître double quand on les sépare. Au moyen d'une échelle ou d'une vis micrométrique, on peut mesurer la distance qui sépare les deux demi-lentilles lorsque l'objet paraît double, et sa largeur est ainsi déterminée.

Le micromètre dit à pointe, est également inusité aujourd'hui. Il fut inventé par Martin, en 1740, et comprend un oculaire dans lequel sont ajustées deux aiguilles placées diamétralement l'une vis-à-vis de l'autre. Pour mesurer l'objet, on visse les pointes jusqu'à ce qu'elles touchent les bords de l'image. On mesure alors la distance qui existe entre les pointes, soit à l'aide d'un micromètre de verre, soit avec une vis micrométrique adaptée à la tête des aiguilles. On ne peut mesurer ainsi de très petits corps, mais on prend, avec une grande exactitude, la mesure d'objets plus grands ou opaques, et l'on se sert actuellement de ce moyen pour mesurer la laine.

Les instruments dont on fait usage aujourd'hui, sont les micromètres à vis et sur verre.

L'idée du *micromètre à vis* (pl. 1, fig. 12), construit d'abord par Frauenhofer, est empruntée au micromètre à pointes. En réalité, ce n'est, ainsi que nous l'avons déjà vu, qu'une plaque mobile. Il est composé d'une lame solidement vissée sur la platine et supportant une seconde lame qui peut se mouvoir de côté et d'autre à l'aide d'une vis très fine dont un certain nombre de pas comprend la dixième partie d'un pouce ; supposons que ce nombre soit dix. Si l'on fait faire dix tours à la vis, la lame supérieure se meut d'un dixième de pouce d'un côté à l'autre, et conséquemment d'un centième de pouce lorsqu'elle ne fait qu'un tour. La tête de la vis porte sur sa circonférence une division en cent parties égales, et à chaque partie, correspond un mouvement de la plaque de $\frac{1}{10000}$ de pouce ; cette tête portant sur un vernier (petite plaque divisée dont dix parties sont égales à neuf divisions de la tête), on peut déplacer latéralement la plaque de $\frac{1}{100000}$ de pouce.

Pour se servir du micromètre à vis, il faut employer un oculaire qui porte, fixé sur son diaphragme, un fil d'araignée. On peut encore substituer à ce fil une bande de verre sur laquelle est tracée, au diamant, une ligne déliée ; on la pose sur le diaphragme ; mais la ligne n'est pas toujours bien visible, surtout quand l'éclairage est très vif. Le fil sera dirigé de manière à former un angle droit avec la vis du micromètre ; on y parviendra soit en tournant tout l'oculaire, soit par un mouvement particulier du diaphragme intérieur. On pose l'objet sur la plaque supérieure du micromètre à vis, et le corps que l'on veut mesurer est disposé de manière que son image paraisse en contact avec le fil. Actuellement, si l'on fait mouvoir la vis, la plaque supérieure se déplace en entraînant l'objet, et l'on continue à tourner la vis jusqu'à ce que l'image se trouve de l'autre côté du fil. Le nombre de révolutions de la vis donnera alors le diamètre de l'objet. Les révolutions complètes sont indiquées sur une échelle séparée, fixée à la plaque supérieure, tandis que la tête de la vis ne donne que les plus petites fractions. Par exemple, si l'on a fait exécuter une révolution entière, plus cinq divisions de la tête de la vis, la largeur de l'objet sera égale à $0,01 + 0,0005$ de pouce. Le calcul serait donc très simple, si dix tours de la roue répondaient exactement à un dixième de pouce; mais malheureusement il n'en est pas ainsi. D'abord, il serait presque impossible de faire des vis aussi délicates; puis, quand il s'agit d'un dix-millième de pouce, il n'est pas moins difficile de fileter une vis de manière qu'une révolution donne exactement un nombre rond. Il faut donc, à l'aide d'un micromètre sur verre, estimer la valeur d'un tour entier et ensuite déterminer les fractions. De cette manière, on obtient la valeur des dimensions, en très petites fractions qui rendent le calcul fort difficile. En conséquence, quand on emploie souvent le micromètre à vis, il vaut mieux noter, sous forme de table, la valeur d'une ou de plusieurs parties de la vis, de manière à trouver immédiatement la quantité à laquelle répond un certain nombre de tours ou de fractions de tour. La difficulté du calcul augmente encore, par cette raison qu'il n'est pas toujours possible de commencer l'opération à partir du zéro de la division tracée sur la tête, parce que l'on ne peut pas constamment disposer l'objet de telle manière que son image se place à côté du fil, et cela arrive surtout quand on mesure successivement plusieurs objets. Toutefois, on a obvié à cet inconvénient en rendant mobile l'échelle tracée sur la tête de la vis, de façon que le zéro peut être ajusté à volonté et l'échelle fixée à la tête par une vis particulière, au moment où l'on commence à mesurer. Ensuite, afin que l'objet puisse être rendu parallèle au fil, on a adapté à la plaque supérieure de presque tous les micomètres à vis, un disque mobile sur son centre et sur lequel on place l'objet; en même temps, des vis situées en avant et sur les côtés de la plaque, permettent de faire mouvoir le corps en tous sens comme sur la platine mobile. Tous ces moyens sont nécessaires pour amener l'objet dans une position favorable au mesurage qui, cependant, est encore parfois assez difficile. Il y a cet inconvénient attaché à l'usage du micromètre à vis, qu'il faut le fixer à la platine toutes les fois qu'on veut mesurer, ou bien qu'il doit y demeurer attaché; mais, dans ce dernier cas, il arrive presque toujours qu'on s'en sert comme d'une platine mobile, et que la vis s'usant très vite, l'instrument perd sa précision; puis il faut avoir un autre appareil quand on veut dessiner l'objet.

Il y a encore plusieurs raisons importantes qui, outre le prix élevé de l'appareil, empêchent qu'il ne soit d'un usage général. D'abord, la vis est aussi imparfaite que toutes les autres vis, et, malgré le grand soin que les opticiens apportent à sa construction, ils ne peuvent faire disparaître tout-à-fait ses défauts qui augmentent naturellement par l'usure.

Il est donc nécessaire, avant de commencer l'opération, de faire faire un tour à la vis pour être bien sûr qu'elle s'engage bien dans l'écrou, et l'observateur se souviendra toujours de tourner dans un seul et même sens, par exemple, de droite à gauche. Si l'on tournait la vis de gauche à droite, afin de faire revenir l'image de l'objet de l'autre côté du fil ou pour répéter l'opération, on ne pourrait être sûr que la vis se soit engagée convenablement. On remarquera souvent que, dans les micromètres à vis dont on fait un fréquent usage, la plaque supérieure ne se meut pas aussitôt que l'observateur tourne la vis. Schiek et Plössl se sont efforcés de remédier à ce défaut par l'application d'un puissant ressort spiral qui repousse en arrière la plaque supérieure et serre la vis dans l'écrou. Ajoutons que l'on ne peut compter sur l'égalité de tous les pas de la vis, et ceci est en partie confirmé par l'expérience; il faut donc, avant d'en faire usage, vérifier en plusieurs points le micromètre à vis, au moyen d'un micromètre sur verre très exact. La mensuration peut encore être faussée par suite de l'élasticité du support ou de la platine, lorsqu'on appuie trop fortement sur la vis, de manière qu'il s'effectue un mouvement latéral qui ne dépend pas du jeu de la vis; cet accident arrive surtout lorsque la platine n'est pas assez solide. Enfin, la diffraction rend souvent difficile de placer l'objet de manière que l'image se présente dans l'oculaire à côté du fil, avant et après le mesurage. Plus le corps est petit, plus sera forte l'erreur produite par une des causes mentionnées ci-dessus et dont le plus grand nombre, ainsi qu'on le verra, doit être attribué à l'imperfection mécanique de l'appareil, tandis que la dernière seule, c'est-à-dire la diffraction, dépend de la partie optique du microscope. Nous allons voir maintenant que le micromètre sur verre mérite la préférence, tant sous le rapport de la plus grande précision qu'il permet d'obtenir, que sous celui d'une application plus commode.

Le *micromètre sur verre* (pl. 1, fig. 13) est une lame de verre sur laquelle est gravée une échelle microscopique. En général, un millimètre ou la dixième partie d'un pouce est divisé en cent parties égales, tracées sur le verre avec un diamant ajusté dans une machine disposée à cet effet. Cependant, les divisions sont parfois plus petites ou plus grandes. Les traits sont parallèles et plus allongés à chaque cinquième et dixième division, pour faciliter la lecture. Quelques micromètres sont divisés en carrés, mais cette division n'est pas aussi bonne, parce que le verre s'écaille facilement dans les angles formés par l'entrecroisement des traits, et que le grand nombre de lignes déliées peut produire de la confusion ; en conséquence, ces micromètres ne sont presque jamais usités que pour mesurer de grands objets. Les lames de verre divisées sont de différentes grandeurs et peuvent être enchâssées dans un anneau ou une plaque de laiton, afin qu'elles soient moins exposées aux accidents. Comme le point où est tracée la division sur le verre est invisible à l'œil nu, on le rend plus distinct en l'entourant d'un cercle coloré qui permet à l'observateur de le trouver plus vite sous le microscope.

Il y a plusieurs manières de se servir du micromètre sur verre. La plus simple est de placer l'objet sur les divisions et de compter combien elle occupe de parties de l'échelle ; cependant cette méthode n'est généralement pas employée, parce que, d'une part, l'objet et les divisions ne sont pas toujours sur le même plan et ne peuvent pas être vus distinctement, n'étant pas au même foyer, et, de l'autre, l'objet ne peut pas toujours être placé dans une position convenable au mesurage, en sorte que, fort souvent, une

estimation approximative est tout ce que l'on peut obtenir;
il en est de même pour les corps plus petits qu'une fraction
de l'échelle. En outre, comme on ne peut pas toujours savoir d'avance s'il sera nécessaire de mesurer le corps, il
faudra constamment employer le micromètre en guise de
lame ordinaire et avoir soin que l'objet repose toujours
exactement sur la division; mais la préparation de l'objet
avec des aiguilles et le nettoyage fréquent du verre dété-
riorent très vite le micromètre, et, en conséquence,
l'échelle devient confuse. Les objets opaques ne peuvent jamais être mesurés de cette manière, parce qu'ils
cachent les divisions. Donc, cette méthode est tout au
plus applicable à la mesure des objets les plus grands et
les plus translucides, faiblement amplifiés. On emploie
plus avantageusement le micromètre sur verre, en l'adaptant à l'oculaire. On le pose sur le diaphragme en tournant l'échelle divisée en dessous, du côté du verre de
champ, de manière qu'il se trouve exactement au foyer
du verre oculaire. Un second micromètre sur verre, dont
la division est connue, est placé sur la platine, et l'observateur note la valeur d'une partie de ce dernier (amplifié
par l'objectif et l'oculaire) comparativement au micromètre
placé dans l'oculaire et grossi seulement par ce dernier.
On trouve alors un certain rapport entre les deux micromètres sur verre, et chaque observateur doit ensuite dres-
ser pour son usage une table de la valeur des divisions du
micromètre situé dans l'oculaire; mais ce procédé entraîne
aisément des calculs difficiles, et il en résulte encore cet
inconvénient, qu'il faut introduire le micromètre dans l'o-
culaire chaque fois que l'on veut mesurer, ou bien, avoir
un oculaire spécial dans lequel l'échelle est fixée, et que

l'on adapte au microscope lorsqu'il en est besoin. Bien plus, il arrive souvent, comme par la méthode précédente, que les dimensions des parties d'un corps qui ne correspondent pas exactement à une seule division du micromètre; ne peuvent être obtenues qu'approximativement; il est parfois difficile de distinguer la division lorsqu'elle est très délicate; l'épaisseur plus grande des traits du diamant peuvent, dans d'autres cas, être un empêchement à ce que l'on mesure l'objet avec toute l'exactitude nécessaire, parce qu'on ne peut décider si le bord de l'image est ou n'est pas précisément couvert par le trait. Toutefois, cette méthode a cet avantage sur la précédente, qu'il n'est pas nécessaire que le micromètre soit aussi finement divisé, et que les erreurs de division ont moins d'importance, parce que chaque petite partie a une valeur moindre que lorsqu'elle est amplifiée par l'oculaire et par l'objectif; ensuite, on peut mesurer des corps plus opaques, car l'échelle divisée est placée devant l'objet, et il est plus facile d'amener l'image sur les traits, parce que l'on peut faire tourner l'oculaire sur son axe. L'objet doit être placé au milieu du champ de vue.

On se sert très aisément du micromètre sur verre, quand on compare sa division avec celle de quelque mesure dont on fait habituellement usage. Hooke, qui se servait de cette méthode, plaçait une mesure sur la table, à côté du microscope, et, regardant l'objet d'un œil, il cherchait de l'autre le nombre de divisions que le corps occupait sur l'échelle. Toutefois, il est fatigant pour les yeux d'observer à la fois deux objets différents, afin d'amener, à l'aide de la double vision, l'image de l'un sur l'autre. Mais depuis qu'on a inventé des instruments qui permettent de dessi-

ner les objets et dont nous parlerons bientôt plus au long,
cette méthode a été simplifiée. Ainsi, par exemple, il suffit de disposer une échelle amplifiée pour mesurer l'objet
également amplifié, et l'on y parvient en dessinant quelques parties d'un micromètre sur verre, ou quelques cen-
tièmes d'un pouce ou d'un millimètre, sous une amplification déterminée et à une certaine distance de vision distincte. On dessine alors le contour de l'objet avec le même

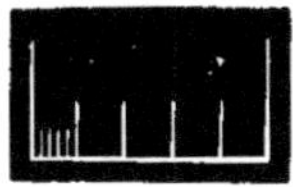

Fig. 17.

grossissement et à la même distance visuelle, conditions
essentielles et qu'il ne faut pas oublier ; l'objet peut alors
être mesuré dans tous les sens, avec un compas, sur l'é-
chelle tracée sur le papier. Il est tout-à-fait indifférent de
connaître le grossissement employé qui varie toujours
quelque peu aux yeux des divers individus, parce que les
objets paraissent moins amplifiés aux myopes qu'aux presbytes. Mais, d'un autre côté et par la même raison, il faut
que chacun dessine pour soi-même l'échelle et l'objet.
Ainsi que nous l'avons déjà dit, la distance de la vision
peut être augmentée ou diminuée, pourvu que l'on emploie
la même distance et la même combinaison d'oculaire et
d'objectif pour dessiner l'objet et l'échelle.

S'il arrive que l'objet soit plus **petit** qu'une des parties
de l'échelle dessinée, il **faut diviser** celle-ci en autant de
parties moindres qu'il **sera** nécessaire. On peut aussi faire
usage d'un micromètre à divisions plus fines ou se
placer à une plus grande distance visuelle pour dessiner

les divisions du micromètre sur une plus grande échelle ;
car il est plus aisé de diviser une plus grande qu'une plus
petite partie, de même qù'il est plus facile de mesurer
l'objet quand il est dessiné sous de plus grandes dimensions et à une plus grande distance visuelle. Cependant il
faut se garder de porter ce moyen à l'excès, parce que la
finesse du contour de l'objet se perd aisément quand la
distance visuelle est démesurément grande. On peut encore
déterminer d'abord l'échelle et chercher la distance à laquelle celle-ci correspond aux divisions du micromètre
sur verre ; par exemple, on procédera de la sorte, quand
on voudra se servir d'une échelle déjà employée par un
autre observateur. Bien que la distance visuelle soit ici
indifférente, ainsi que nous l'avons dit, lorsque l'échelle et
l'objet sont seulement dessinés à la même distance, il vaut
mieux employer toujours une distance déterminée et nous
avons conséquemment adopté celle de $0^m,25$. Il faut donc,
pour chaque combinaison de l'oculaire et des objectifs du
microscope, dessiner des échelles à cette distance et tracer l'objet du même point de vue. Si l'on choisit cette
manière de procéder, il n'est plus nécessaire que de mesurer l'objet avec un compas, et l'on peut le faire dans
toutes les directions possibles, sans qu'il naisse aucune
confusion de la position de l'objet ; il devient également
inutile de faire aucun calcul, comme par les méthodes
précédentes auxquelles cette dernière est infiniment préférable. Elle est applicable absolument de la même
manière aux microscopes simple, solaire et à gaz. Il est
évident, d'après les observations qui précèdent, que l'on
peut mesurer la grandeur du champ visuel par l'une de
ces méthodes, soit avec un micromètre sur verre ou à

vis placé sur la platine, soit en le dessinant en entier.

En procédant de cette manière, il faut absolument observer une précaution. Il est important de se servir d'un micromètre divisé avec une grande exactitude, et nous verrons que cela est surtout nécessaire quand cette même méthode, qui consiste à dessiner le micromètre ou quelque autre objet de dimensions connues, est employée pour déterminer le grossissement. Le micromètre sur verre étant divisé au moyen d'une vis fine dont nous avons déjà signalé les imperfections, on peut objecter que tous les défauts de celle-ci sont transmis au verre, et, en effet, nous trouvons que non-seulement des micromètres tracés par différents constructeurs d'instruments ne coïncident pas les uns avec les autres, mais encore que les différentes parties d'un même micromètre ne sont pas égales lorsqu'on le dessine sur le papier, procédé qui seul peut permettre d'en vérifier l'exactitude. Ceci est occasionné en partie par l'imperfection de la main-d'œuvre, en partie parce que lorsqu'on dessine les différentes parties, elles ne sont pas exactement placées dans le même point du champ de vue, car l'aberration de sphéricité ne devient jamais plus sensible que dans le cas où l'on dessine une seule et même partie du micromètre d'après son image vue tantôt sur le bord, tantôt dans le centre du champ. Il faut aussi tenir compte de l'influence exercée par l'œil pendant l'opération, quand la distance visuelle n'est pas égale pour les deux yeux d'un même individu.

On peut amoindrir l'influence de l'aberration de sphéricité, en limitant le champ de vue pendant que l'on mesure, au moyen d'un diaphragme à très petite ouverture introduit dans l'oculaire. Ce moyen est surtout indiqué quand on évalue les pouvoirs grossissants du microscope dont nous allons nous occuper. Cette précaution est moins nécessaire lorsqu'on dessine ou qu'on mesure de plus grands objets, mais on doit se servir le moins possible de la marge du champ de vue, et ce conseil est applicable tant à l'observation simple qu'à la mesure microscopique.

En conséquence, afin de se mettre en garde contre cette objection, l'observateur devra d'abord vérifier l'exactitude de son micromètre sur verre, en dessinant chaque partie (ou cinq parties à la fois) sur le papier, en choisissant l'image seule qui est exactement au milieu du champ de vue, pour examiner ensuite leur égalité relative ; puis, lorsqu'il dessinera un objet, il y joindra toujours l'échelle qui aura servi à la mesurer, afin que d'autres personnes puissent vérifier l'opération. Il devient alors inutile de faire mention du grossissement ou de la distance de la vision distincte (1).

Outre le micromètre de Lebaillif, je mentionnerai *le goniomètre*, dont la première idée fut suggérée par Raspail. Il sert à mesurer les angles des cristaux microscopiques et consiste en un oculaire portant sur son diaphragme, au foyer de la lentille supérieure, une lame de verre sur laquelle est tracée au diamant une ligne déliée.

---

(1) Afin de démontrer ceci par un exemple, je décrirai la manière dont je procède. Je me sers, dans mes recherches, d'un microscope construit par Charles-Chevalier, de Paris, muni d'un micromètre sur verre formé d'un millimètre divisé en cent parties. En recherchant le pouvoir amplificateur d'une certaine combinaison d'oculaire et d'objectif, et en vérifiant l'exactitude des divisions, j'ai trouvé, à la distance constante de 250 millimètres, les valeurs suivantes pour chaque groupe de cinq parties, ou pour

Parallèlement à celle-ci, on dispose une face du cristal et l'on détermine l'angle à l'aide d'une autre lame de verre

0,05 millimètres lorsque je les amenais exactement au milieu du champ de vue.

Nombre de parties chacune de 0,05 millim.		Grandeur apparente.	Total.		Grossissement.	
3	correspondant à	18 millim. =	54 millim. donnent		360 diamètres.	
1	»	17 3/4	= 17 3/4	»	355	»
2	»	17 1/4	= 34 1/2	»	345	»
7	»	17	= 119	»	340	»
2	»	16 3/4	= 33 1/2	»	335	»
2	»	16 1/2	= 33	»	330	»
1	»	16 1/4	= 16 1/4	»	325	»
1	»	16	= 16	»	320	»
1	»	15 1/2	= 15 1/2	»	310	»
20 parties ou 1 millim.			= 339 1/2 millim. étant amplifiés.			

ou en nombres ronds : le microscope grossissait un millimètre 340 fois ; d'où il résultait que le micromètre sur verre n'était pas exactement divisé et qu'il fallait vérifier les divisions. Comme la somme de toutes les parties était = 340, et comme la division qui donnait ce nombre se rencontrait le plus fréquemment, j'adoptai un pouvoir grossissant de 340 fois. Ce pouvoir, ainsi qu'une échelle construite par son moyen (représentée page 113), m'ont servi dans presque toutes mes recherches. Quoiqu'il n'y ait pas une grande différence entre les pouvoirs de 360 et de 310 diamètres, qui sont les extrêmes de ceux que j'ai trouvés avec mon micromètre sur verre, il est pourtant nécessaire de fixer avec soin, une fois pour toutes, le pouvoir grossissant pour une distance constante de vision distincte. Si j'avais fait la même expérience avec des lentilles plus puissantes, la différence aurait naturellement semblé plus grande.

Dans le but de calculer l'aberration sphérique de cette combinaison, je choisis la subdivision $15\frac{1}{2}$ (division extrême qui se trouve sur un côté de mon micromètre), et je mesurai la force de l'amplification en plaçant cette partie d'abord au milieu du champ de vue, puis sur le bord. Je trouvai que le grossissement au milieu du champ était = 310 (ou plus exactement 307) et sur les bords, = 315. Le dernier résultat fut obtenu sur douze opérations ; je tournai trois fois l'oculaire d'un quart de tour sur son axe sans toucher l'objectif, et, chaque fois, je pris trois mesures sur le bord du champ visuel. Nous voyons par là combien il est important de qui porte également une ligne, mais que l'on peut faire pivoter, car elle est fixée dans un disque mobile divisé en

mesurer le grossissement sur l'image située au milieu du champ visuel ; cette précaution est moins nécessaire quand on dessine les objets ; néanmoins, il faudra observer dans le milieu du champ, autant que possible, surtout lorsqu'on se servira d'un instrument qui ne sera pas de première qualité. Personne ne trouvera bien considérable cette aberration constatée dans mon microscope qui est l'œuvre d'un artiste distingué.

Le calcul au moyen duquel j'ai trouvé la force de la combinaison ci-dessus mentionnée : $= 339\frac{1}{2}$, résulte de plusieurs mesures prises le 2 novembre 1842, avec l'œil droit, à la distance visuelle de 250 millimètres. Je n'ai pas noté le nombre d'opérations. J'étais désireux de savoir positivement si la vision de mon œil était demeurée inaltérée malgré un exercice presque journalier durant quatre ou cinq ans. Ainsi, par exemple, dans le cas où l'œil serait devenu myope, et qu'en conséquence j'aurais été obligé de modifier la distance entre l'objectif et le micromètre, afin de conserver la même distance visuelle, cette combinaison m'aurait semblé grossir moins, parce que, pour un myope, une grandeur donnée aurait paru plus petite. En conséquence, je pris (le 21 et le 22 avril 1847) quatre mesures avec le même micromètre, du même œil, et à la même distance visuelle, et je trouvai par la moyenne ($339, 338\frac{1}{2}$, $337\frac{1}{2}$, $337\frac{1}{2}$), que le pouvoir grossissant était $= 338\frac{1}{8}$. La différence était donc seulement de $1\frac{3}{8}$, ou bien, la vision de mon œil droit, durant cette période, ne s'était raccourcie que de $\frac{11}{10000} = \frac{1}{244}$. Non-seulement je fus satisfait de ce résultat, mais encore il pourra tranquilliser les personnes qui craignent que l'usage du microscope n'altère la vision. M. Ehrenberg, de Berlin, me fit également savoir, il y a huit ans, que sa vue n'avait pas changé, bien qu'il n'y ait presque personne qui ait fait un plus fréquent usage du microscope. On peut objecter à l'expérience dont je viens de rendre compte, que la température n'était pas exactement la même dans les deux cas, et que, par suite, la dilatation du verre n'était pas la même. Mais la température de la chambre ne peut avoir été bien différente pendant les deux saisons. J'avais chauffé la platine et le micromètre sur verre jusqu'à 40 ou 50° centigrades, et mesuré le micromètre à cette température. Le grossissement calculé de la même manière fut trouvé $= 338\frac{1}{2}$, donc, presque égal, à peu de chose près, au résultat obtenu à la température ordinaire de la pièce. En outre, le coefficient de la dilatation du verre est, depuis 0° jusqu'à 100°, seulement de 0,00086133, suivant Dulong et Petit. J'ajouterai que la dernière opération ne fut faite qu'une fois.

360°. Les lignes se trouvent disposées de telle façon qu'elles s'entrecroisent dans le milieu du champ de vue, et que l'image de l'angle du cristal que l'on veut mesurer vient se placer au point d'intersection.

La grandeur de l'angle est indiquée sur le disque. Le disque gradué et la plaque peuvent aussi être fixés à la platine (Brunner) et l'opération se fait de la même manière (1). Cet instrument est presque inutile quand on peut dessiner le cristal avec la chambre claire; dans ce cas, les angles sont projetés et mesurés sur le papier par le procédé ordinaire.

Bien que l'indication de la distance de la vision distincte soit indifférente lorsqu'on mesure un objet à la chambre claire, elle devient de la plus grande importance quand on veut déterminer *le pouvoir grossissant du microscope*. Ceci paraîtra bien simple, car, ainsi que nous l'avons dit, on trouve le degré de grossissement d'une lentille, en divisant la distance de la vision distincte par la distance focale, et conséquemment, le quotient dépend aussi bien de la courbure de la lentille et de la matière dont elle est formée, que de la distance déterminée de la vision. Donc, si l'on prend une distance visuelle plus grande que $0^m,25$, que nous avons adoptée jusqu'ici, soit, par exemple, 12 pouces (2), l'amplification sera plus grande, et moindre, au contraire, quand la distance visuelle sera plus petite.

Pour trouver le grossissement d'un microscope composé, il faut comparer à une échelle ordinaire, la grandeur

(1) En 1832 et même avant cette époque, j'adaptais à mes microscopes des goniomètres oculaires et des platines tournant sur leur axe. C.-C.

(2) $0,^m32484$.

d'un objet bien connu, par exemple, d'un micromètre sur verre, et l'on y parvient en regardant d'un œil dans le microscope, tandis que de l'autre on compte combien de divisions cet objet occupe sur l'échelle. Mais il est bien plus commode de dessiner sur le papier, à la chambre claire, quelques portions d'un micromètre sur verre, à la distance de $0^m,25$, et de mesurer ensuite le nombre de divisions qu'elles occupent sur une échelle ordinaire. Par exemple, si cinq parties d'un millimètre divisé sur verre en cent parties, sont dessinées sur le papier et qu'on trouve pour résultat que l'échelle dessinée est égale à **17** millimètres, le pouvoir grossissant sera $=$ 340 diamètres, c'est-à-dire que

$$0,05^{mm} : 17^{mm} :: 1^{mm} : X = \frac{17^{mm}}{0,05^{mm}} = 340^{mm}.$$

On se sert ordinairement d'un micromètre sur verre pour le comparer à l'étalon, tout en observant, bien entendu, les règles déjà indiquées ; mais si nous connaissons la grandeur de quelque autre objet, nous pourrons également nous en servir et trouver le grossissement du microscope en divisant par la grandeur réelle de l'objet, les dimensions de l'image amplifiée vue dans le microscope et dessinée sur le papier à la distance indiquée de la vision. Ainsi, avec de faibles pouvoirs grossissants, nous pouvons employer une mesure ordinaire et en dessiner une partie à la chambre claire. Comme la distance visuelle peut varier considérablement chez les différents individus, et qu'elle est d'une si grande importance lorsqu'on mesure le grossissement du microscope, nous n'avons pas besoin d'insister sur l'obligation dans laquelle se trouve chaque observateur, de calculer la puissance du microscope pour son propre œil.

On peut aussi trouver le grossissement d'un microscope

en plaçant un micromètre de verre sur le diaphragme de l'oculaire et en se servant d'un autre micromètre en guise d'objet ; on cherchera ensuite combien de divisions le premier occupe sur le second ; mais, dans ce cas, de même que lorsqu'on a recours à ce procédé pour mesurer un objet, il faut connaître les dimensions de l'un des micromètres, ou, en d'autres termes, le pouvoir de l'oculaire ou de l'objectif + le verre de champ. Le produit du grossissement de ces deux parties nous donne celui du microscope entier. Par exemple, si $0,01^{mm}$ ou une partie du micromètre objectif répond à $0,3^{mm}$ ou 30 parties du micromètre oculaire, le grossissement de l'objectif + le verre de champ, sera de 30 fois ; on multiplie ce grossissement par celui du verre oculaire pour obtenir le pouvoir du microscope entier.

Si nous voulons trouver le grossissement d'une seule lentille, par exemple, de la lentille oculaire, nous placerons à son foyer un micromètre sur verre et nous mesurerons le pouvoir amplificateur à la distance visuelle de $0,25^{m}$ avec une chambre claire, par le moyen déjà indiqué. Nous pouvons aussi mesurer la puissance en divisant la distance de la vision par la distance focale connue, ou plus correctement, par la formule $x = \frac{f}{p} + 1$ (1). Avec des lentilles à long foyer, on trouve le pouvoir en projetant sur la muraille une image distincte d'un corps et en mesurant ensuite la distance de la lentille à l'objet et à l'image. On multiplie ces distances l'une par l'autre et l'on divise le pro-

---

(1) f est la distance de la vision distincte, p la distance focale de la lentille, et x le grossissement cherché.

duit par la somme des deux. Ou bien, réunissez les rayons directs (parallèles) du soleil en un point situé derrière la lentille et mesurez la distance qui sépare celle-ci de l'image solaire. Toutefois les lentilles à court foyer ne peuvent pas être mesurées exactement de cette manière; mais, dans ce cas, l'on fait usage d'un appareil particulier, ou l'on compare les lentilles à d'autres dont on connaît le grossissement et la distance focale et que l'on emploie en guise d'objectifs sur un microscope dont la puissance de l'oculaire est également connue. Lorsqu'on connaît le grossissement d'une lentille on peut, de la même manière, trouver sa distance focale. Si, par exemple, une lentille grossit 11 fois $=\frac{f}{p}+1$, nous trouvons $p = 0{,}025^{\mathrm{m}}$, la distance de la vision distincte f étant $= 0{,}25^{\mathrm{m}}$. Nous trouvons encore ici une preuve de l'importance qu'il y a à déterminer la distance de la vision en indiquant le pouvoir amplificateur. Lorsque nous parlons de grossissement microscopique, nous entendons toujours qu'il s'agit de mesure linéaire; le grossissement en superficie s'obtient en prenant le carré des diamètres; ainsi, un corps amplifié 1000 fois, sera grossi en superficie $1000 \times 1000 = 1{,}000{,}000$ (1).

Les mesures usitées pour la micrométrie laissent beaucoup à désirer sous le rapport de l'uniformité et de la manière dont on les énonce. Chaque nation se sert de l'étalon communément employé; ainsi, les Français calculent les

(1) On a poussé l'exagération jusqu'à cuber le grossissement, de manière qu'une amplification de 1,000 serait portée à 1,000,000,000. Cela nous fournit l'explication de la puissance phénoménale que le savoir-faire attribue à certains instruments.   C.-C.

grandeurs microscopiques en millimètres, les Anglais en pouces anglais, les Autrichiens en lignes de Vienne. La faute en est en partie au constructeur d'instruments qui trace les micromètres d'après son étalon de mesure et en impose ainsi l'usage aux observateurs. Une autre mauvaise coutume résulte de ce que plusieurs observateurs adoptent le système décimal, d'autres le duo-décimal : ceux qui se servent de ce dernier, expriment parfois les grandeurs en fractions dont le numérateur est tantôt 1, tantôt un nombre arbitraire. De là vient que nous voyons réunis différents nombres qui indiquent les mêmes dimensions, sans qu'il soit possible, au premier abord, de reconnaître leur identité. Il est plus facile à l'œil de comparer des valeurs décimales qui offrent aussi plus de commodité pour le calcul ; mais tant que la division à l'aide du mètre ne sera pas plus généralement employée dans la vie commune, les fractions ayant pour numérateur 1, et trois ou au plus quatre chiffres pour dénominateur, seront plus faciles à fixer dans la mémoire, parce qu'elles seront plus conformes à la manière dont on exprime habituellement les grandeurs. La prédominance du système décimal, pour laquelle nous faisons des vœux, pourra, à une époque future, procurer plus de facilité à énoncer et à retenir les grandeurs décimales, mais j'oserais à peine me hasarder à proposer actuellement l'adoption universelle pour la micrométrie, de la division par « le mètre. »

Afin de faciliter la réduction des grandeurs microscopiques du système métrique d'une nation en celui d'un autre, j'ai construit une table (Tableau micrométrique pour servir à la comparaison et à la réduction des diverses mesures qui sont employées dans la micrométrie microscopique,

1842) (1) dans laquelle on trouve en cinq colonnes, l'évaluation du millimètre, de la ligne française, autrichienne,
rhénane et du pouce anglais. Les principaux nombres sont
disposés dans cette table ainsi que je l'indique ci-dessous ;
les grandeurs sont égales dans la rangée horizontale.

MILLIMÈTRE.	LIGNE de Paris.	LIGNE de Vienne.	LIGNE du Rhin.	POUCE anglais.
1	0,443296	0,455550	0,458813	0,0393708
2,255829	1	1,027643	1,035003	0,0888138
2,195149	0,973101	1	1,0071625	0,0864248
2,179538	0,966181	0,992888	1	0,0858101
25,39954	11,25952	11,57076	11,65364	1

Enfin, il nous reste seulement à ajouter que la mesure
d'un objet devant être considérée comme faisant partie
d'une observation, on y procédera en se conformant à
toutes les règles déjà indiquées. Pour déterminer la grandeur des parties élémentaires, qui est sujette à varier considérablement, il faut faire une série de mesures et prendre
la moyenne, ou indiquer le maximum et le minimum des
nombres obtenus, ainsi que celui qui exprime la grandeur
moyenne que l'on rencontre le plus souvent. Nous ne pouvons sans doute poser aucun précepte sur le nombre de
mesures que doit prendre l'observateur pour trouver les
dimensions d'un objet donné, pas plus qu'il ne nous est
possible d'indiquer le nombre d'observations qu'il faut
faire quand on se livre à l'examen général d'un corps.

(1) Voir à la fin du volume.

b. — Du dessin des objets.

La possibilité de dessiner les objets que nous examinons, nous offre non-seulement l'avantage de rendre la description plus intelligible à d'autres personnes, mais encore, elle nous force, en quelque sorte, d'observer avec plus de précision, parce que le dessin sert de contrôle et à l'observation et à sa description. Le micrographe fera donc bien de dessiner lui-même l'objet; une autre personne ne rendra pas toujours, dans son dessin, ce que l'on désirerait y trouver, et ceci n'est pas moins applicable au trait qu'au dessin terminé, lorsqu'un observateur veut faire usage d'un procédé particulier pour ombrer. Si, à l'aide du dessin, on mesure en même temps l'objet, il est indispensable que l'observateur trace au moins le contour de cet objet, à cause des variations que présentent les limites de la vision distincte. Il est d'autant moins permis de négliger ce précepte, que l'on a inventé plusieurs accessoires qui permettent même au commençant de dessiner la silhouette des objets facilement et avec promptitude. On peut ensuite terminer le dessin sans suivre aucune règle fixe, et ce soin peut, avec moins d'inconvénients, être laissé à une autre personne. On exécutera mieux le dessin en couleur, avec un pinceau de poils de chameau, parce que le crayon de mine de plomb s'efface et ne peut pas donner aux détails toute l'exactitude nécessaire.

Un dessin microscopique doit traduire la description des objets et, en même temps, être exécuté de manière que les personnes qui veulent répéter l'observation, soient conduites à les examiner de la même manière. En conséquence, les renseignements généraux que nous avons donnés ci-dessus ne sont pas suffisants ; nous devons aussi faire un choix éclairé des objets à reproduire ; il ne faut pas choisir de préférence les formes les plus jolies et les plus distinguées ; on ne surchargera pas le dessin de détails inutiles et on évitera d'en donner plus que l'on ne peut raisonnablement espérer d'en voir distinguer par un autre observateur ; le dessin doit être une copie vraie de la nature.

Pendant que vous regardez avec l'œil gauche dans le microscope disposé verticalement, placez sur la table, à côté de l'instrument, une feuille de papier que vous regarderez de l'œil droit, et au moyen de la *double vue*, vous parviendrez à projeter l'image de l'objet sur le papier et à la dessiner de cette manière en suivant simplement ses contours. Mais cette méthode, suivie par Hooke pour mesurer un objet, ainsi que nous l'avons déjà dit, fatigue les yeux. Bauer employait une méthode analogue ; il plaçait dans l'oculaire un micromètre divisé en carrés et dessinait l'objet sur une feuille de papier qui portait des carrés de même grandeur que ceux du micromètre ; toutes les parties de l'image contenues dans les carrés du micromètre étaient tracées dans les carrés correspondants du papier.

Aujourd'hui, on fait usage de divers instruments pour dessiner les corps. Tous sont basés sur le même principe, savoir, la réflection simultanée de l'objet ou de son image et du papier, en sorte qu'à l'aide d'un miroir, l'objet ou son image semble appliqué sur le papier. Comme il est plus facile de dessiner sur une feuille disposée horizontalement que sur une feuille verticale, on place en général le microscope dans la position horizontale. Plus le papier sera éloigné de l'oculaire, plus l'objet paraîtra grand, parce que son image semblera appliquée sur la feuille, et qu'en conséquence, ses dimensions dépendront de la distance de la surface sur laquelle elle est projetée. Il est donc encore nécessaire de dessiner l'objet à une certaine distance visuelle de 0,25^m et de placer à côté de lui l'échelle qui doit servir à le mesurer. Quant au choix des grossissements que l'on emploie pour dessiner les divers objets, nous renvoyons aux remarques de la page 83.

Parmi les différents appareils que nous décrirons dans la suite de cet ouvrage, ceux dont on se sert le plus souvent sont : le miroir de Soemmering et le miroir perforé d'Amici (*camera lucida*). Ils peuvent également être appliqués au microscope simple lorsque, dans ce but, on les modifie convenablement.

Le miroir de Soemmering est formé d'une plaque d'acier poli, ronde ou ovale, de $\frac{1}{10}$ à $\frac{1}{5}$ de pouce de diamètre, tenant à une petite tige que l'on peut faire mouvoir en avant et en arrière sur l'oculaire. Il y a deux manières de placer le miroir pour s'en servir ; ou bien de façon que l'image de l'objet soit réfléchie tandis que l'on voit directement le papier, ou bien, que le papier soit réfléchi et que l'image soit vue directement. Dans le premier cas et avec le microscope horizontal, la face du miroir est dirigée obliquement vers l'oculaire, sous un angle d'environ 45° ; en regardant de haut en bas, on voit dans le miroir l'image de l'objet, mais on voit aussi le papier placé en dessous, et si l'on regarde en même temps à travers le miroir, l'image de l'objet semblera transportée sur le papier et l'on pourra suivre ses contours avec le crayon. Dans le second cas, au contraire, la surface du miroir se trouve en dessous,

tournée vers le papier, et quand on regarde horizontalement l'image de l'objet dans le microscope, le papier
est réfléchi. Comme, dans tous les cas, on doit chercher à voir nettement l'image plutôt que le papier et la
main qui dessine, la dernière position devra être préférée.

Il faut avoir acquis une certaine habitude pour se servir
convenablement du miroir de Soemmering, surtout parce
que l'image est renversée (1), de manière que la main doit se
mouvoir dans une direction opposée à celle de l'image. Il
n'en est pas de même du *miroir perforé d'Amici* (pl. 1, fig.
14), qui consiste en un petit disque d'acier poli percé d'une
ouverture circulaire d'environ $\frac{1}{10}$ de pouce de diamètre ; ce
petit miroir est fixé sur une plaque mobile attachée à
l'oculaire et que l'on tourne obliquement en bas, vers le
papier. Pour détruire le renversement signalé plus haut,
un prisme est placé un peu au-dessous du miroir. Ici encore, l'image de l'objet est vue directement à travers l'ouverture du miroir, qui correspond au centre de l'oculaire,
et le papier est réfléchi ainsi que la main. Quand on
emploie ce miroir avec le microscope vertical, il faut dessiner sur un plan vertical ou bien employer un prisme pour
réfléchir le papier placé horizontalement.

On peut remplacer le miroir de Soemmering par un
très petit prisme, semblable à celui qu'Oberhauser adapte
à son microscope. On se sert de cette chambre claire avec
le microscope horizontal ; elle est composée d'un oculaire
accompagné d'un prisme placé dans un coude ; au-dessus,
est solidement fixée une plaque horizontale percée d'une

---

(1) Ceci n'est exact que dans le cas où l'on adopte la seconde position. C.-C.

ouverture circulaire sous laquelle on dispose le petit prisme. Quand l'observateur regarde verticalement de haut en bas, il voit en même temps et le papier, à travers le trou de la plaque, et l'image de l'objet réfléchie par le prisme. Le miroir perforé d'Amici est préférable , d'abord, parce que c'est le papier qui est réfléchi et non pas l'image de l'objet, ensuite parce qu'on peut l'adapter à un oculaire quelconque et le tourner de côté quand on ne s'en sert plus, sans qu'il soit besoin de changer l'oculaire pour continuer l'observation ; enfin, parce qu'on évite d'incliner la tête pour regarder en bas, et que toute la structure du microscope auquel s'applique ce miroir, présente plus d'avantages.

Brunner adapte au microscope vertical une chambre claire formée d'un prisme devant lequel est fixée une plaque verticale percée d'un trou circulaire. Le papier qui doit recevoir le dessin est placé devant le microscope et on le voit immédiatement à travers l'ouverture, tandis que l'image de l'objet est réfléchie (1). Outre ce dernier défaut, l'usage de cet appareil présente encore l'inconvénient d'exiger que le papier soit placé devant le microscope, de manière à intercepter la lumière qui doit tomber sur le miroir réflecteur.

La chambre claire de Wollaston, dont l'idée a été utilisée dans les trois instruments ci-dessus mentionnés, consisté en un prisme rectangulaire dont l'hypothénuse est di-

(1) Cette disposition est à peu près semblable à celle de la chambre claire d'Amici. Voir le *Manuel du Micrographe* et le *Traité sur les Chambres claires* (1839).

C.-C.

rigée obliquement vers l'oculaire, mais qui est tronqué sous un angle de 135°, de manière à devenir quadrilatéral. On voit directement et horizontalement l'objet, en même temps que le papier est réfléchi d'une face sur l'autre. Pritchard se sert d'un prisme quadrilatéral à surfaces parallèles, fixé au microscope horizontal; mais l'observateur étant obligé de regarder de haut en bas, il arrive encore que c'est l'image de l'objet qui est réfléchie et non le papier.

Lorsqu'on se sert de la chambre claire, l'œil doit être maintenu dans une position invariable et il faut avoir soin que la lumière projetée sur le papier ait à peu près la même intensité que celle qui éclaire l'image de l'objet dans le champ de vue, car, dans le cas contraire, un des deux objets paraîtra moins distinct. L'interposition de la main nous permet de modérer la lumière quand elle est trop vive sur le papier. Si l'objet n'est que faiblement éclairé, il est quelquefois avantageux de dessiner avec de la craie sur du papier noir, ou de tracer sur du papier blanc transparent posé sur un fond noir; on peut encore employer des papiers de différentes couleurs.

Quand on voudra obtenir de très grands dessins, on pourra utiliser les images produites par le microscope solaire ou à gaz dont nous traiterons plus loin.

Enfin, nous dirons que, dans ces derniers temps, on a eu recours au daguerréotype pour reproduire des objets microscopiques; mais le microscope simple (solaire) est seul applicable dans ce cas, puisqu'il n'y a que les rayons émanés de l'objet lui-même et non de son image, qui puissent être fixés sur la plaque d'argent. Les tentatives faites dans le but de graver l'image tracée sur la plaque et d'en tirer des épreuves, n'ont pas encore été couronnées d'un entier succès. (Berres, Donné et Foucault) (1).

c. — *Conservation des objets.*

Plusieurs objets ne se conservent que peu de temps, et doivent en conséquence être préparés de nouveau, chaque fois qu'on veut les observer. Quelques-uns, à la vérité, se conservent, non pas à l'état de préparations microscopiques, mais par gros fragments dont on tire les préparations. Ceci a lieu pour les objets que l'on peut garder à l'état sec, dans l'alcool, la térébenthine, en un mot, dans des préservatifs communs. Toutefois, ce moyen est applicable seulement lorsque la structure ne s'altère pas. Quand l'objet est rare ou d'un prix élevé, ou bien lorsqu'il faut perdre chaque fois beaucoup de temps et prendre de grands soins pour le préparer ou pour faire voir distinctement sa structure, il devient souvent important de pouvoir conserver intacte la préparation microscopique de manière que, sans inconvénient, il soit toujours possible de la placer sous le microscope.

Lorsque la substance doit être conservée pendant quelques jours seulement et qu'elle est dans un fluide, on peut ajouter une plus grande quantité du même fluide aussitôt que l'évaporation devient sensible, ou placer dans un vase con-

____

(1) Les derniers procédés de gravure photographique sur acier, dus à M. Niepce de Saint-Victor, et la découverte de la litho-photographie par MM. Lemercier et Barreswill, ont réalisé toutes les espérances que l'on avait pu concevoir sur la reproduction par la gravure des images photographiées. (Voir mon *Guide du Photographe* et les *Comptes-rendus Académiques.*

C.-C.

tenant le même fluide, la lame de verre tout entière sur laquelle se trouve l'objet. Si ce dernier est recouvert d'une lame de verre mince, on entoure celle-ci d'un petit cercle de cire ou d'huile pour empêcher l'évaporation. Ce dernier moyen n'est pas toujours applicable; par exemple, dans de telles conditions, des infusoires périraient faute d'air. Il sera donc mieux de les conserver dans de petits tubes d'épreuve contenant quelque végétal appliqué contre leurs parois, parce que les animalcules se dirigent volontiers vers ce point afin d'y chercher la lumière. Lorsqu'on peut noircir tout le verre, à l'exception d'une petite portion, on est certain d'y rencontrer les animalcules, que l'on enlèvera au moyen d'une petite pipette ou d'une plume à pointe déliée.

Quand, au contraire, l'objet doit être conservé pendant un plus long temps, on le renferme entre deux lames de verre scellées avec de la cire à cacheter. S'il est nécessaire d'ajouter du liquide au moment de l'observation, on devra conserver entre les lames une ouverture par laquelle la capillarité fera pénétrer le liquide. De cette manière, on peut conserver plusieurs substances végétales, telles que des os, des dents, et, en général, les corps durs qui ne sont pas altérés quand on les garde à l'état sec. Le plus grand nombre des substances dures et sèches, peuvent encore être conservées dans du vernis, du baume de Canada ou de la gomme arabique, dans lesquels on les laisse sécher sur une lame de verre; cependant la gomme se fendille aisément, ce qui trouble l'observation, ou bien elle se détache de la lame de verre, de manière que l'on peut perdre la préparation si elle n'est pas recouverte d'un verre mince. On trouve moins d'avantage à conserver les objets prépa-

rés dans du miel ou dans un sirop, parce que l'évaporation donne parfois lieu à la formation de cristaux.

On conserve plusieurs objets qui existent dans un
liquide et dont on ne se sert que pour la démonstration,
en les étendant sur une lame de verre en une mince couche que l'on fait sécher rapidement. On peut ainsi préparer les globules du sang et les spermatozoaires. Il est
mieux de conserver l'objet dans le liquide où il a été observé. L'objet préparé est alors placé entre deux lames de
verre liées ensemble avec un fil et plongées dans un vase
contenant le fluide conservateur. Mais comme les lames
ne sont pas fermées sur les bords, la préparation peut
aisément s'échapper. Il est encore difficile de garder les
préparations en bon état, quand on en réunit plusieurs
dans un même vase. On a donc eu recours à un autre procédé, en fermant hermétiquement les lames de verre. On
choisit une lame de verre large que l'on peint en noir, à
l'exception d'un petit point sur lequel on place l'objet dans
un fluide, puis on le recouvre d'une lame mince. On opère
le scellement au moyen d'un vernis siccatif de copal ou
d'asphalte étendu sur les bords de la lame mince. Mais ce
moyen entraîne une grande perte de temps ; les lames très
minces sont d'un prix élevé et les préparations sont souvent altérées par les changements de température.

Je suis donc une autre méthode pour conserver des préparations hermétiquement closes. Ainsi, par exemple, je
prends des lames de verre de grandeur convenable, toutes
d'égales dimensions (un pouce et un tiers sur deux.) L'objet préparé est posé sur le milieu de la lame et recouvert
d'un autre verre après qu'on y a ajouté une petite
quantité de fluide. Les lames supérieures doivent être assez

minces pour que la distance focale de l'objectif permette
leur emploi. Quand l'objet ne doit être vu que par sa face
supérieure, l'épaisseur de la plaque inférieure est indifférente. Il en est de même pour la plaque supérieure
lorsqu'on ne veut observer le corps qu'avec un faible
grossissement. On réunit alors les verres avec de la cire
à cacheter noire ordinaire, mais il faut avoir soin de ne
pas employer de la cire qui puisse être dissoute par le
fluide dans lequel on veut conserver l'objet. Ainsi, il est
arrivé qu'ayant employé de la cire parfumée pour des
préparations conservées dans la térébenthine, j'ai trouvé
que celle-ci avait dissout le corps odoriférant et que la
préparation était devenue bourbeuse. Il faut une certaine
habitude pour sceller les lames. On ferme d'abord les
quatre bords des lames, à l'exception d'une petite ouverture, en y faisant couler de la cire fondue que l'on
comprime fortement contre le verre afin qu'il en pénètre
une couche mince entre les deux lames ; on rend les bords
lisses en les pressant sur un corps poli et l'on enlève la cire
surabondante avec un couteau. Alors on introduit par la
petite ouverture, le fluide dans lequel l'objet doit être
conservé. Les lames sont ensuite placées l'ouverture en
haut, pour que les bulles d'air s'élèvent et s'échappent ;
enfin on ferme la petite ouverture.

Le choix du fluide dans lequel il faut conserver l'objet,
dépend de la nature de celui dans lequel on l'observe. J'ai
reconnu toute l'efficacité de l'alcool dilué, de l'acide chromique très étendu et surtout de la térébenthine ; mais
celle-ci rend parfois l'objet trop transparent, et, comme
nous l'avons déjà dit, ne saurait être employée quand il
contient des parties grasses. L'acide chromique peut, au

bout de quelque temps, donner aux corps une coloration
trop foncée; l'alcool se dilate sous l'influence d'une éléva-
tion de température; il en résulte que la cire se crève, que
le fluide s'évapore et que la préparation est perdue si on
ne la surveille pas. Il est donc convenable, pour les préparations conservées dans l'alcool étendu ou dans l'acide chromique, de laisser pénétrer une petite bulle d'air avant de
sceller complètement les verres. Je possède des préparations hermétiquement closes, qui ont été conservées dans
ces liquides durant des années, et, dans ce nombre, celles
qui sont environnées de térébenthine ont été exposées,
sans altération, à des changements de température considérables.

Si l'on craint que le verre supérieur n'exerce une trop
forte pression, on peut placer préalablement sur le bord
de la lame inférieure, une bandelette de papier ou un cheveu délié, que l'on cache ensuite au moyen de la cire in-
troduite entre les lames. Il est quelquefois difficile de
chasser l'air. En général, on se débarrasse des bulles avec
assez de facilité; on les expulse quelquefois par la chaleur, si la préparation peut supporter une haute température. Au surplus, une petite bulle d'air ne nuit pas
quand elle ne se loge pas sur la préparation. Je place une
étiquette entre les deux lames, de manière qu'elle ne peut
s'égarer qu'avec la pièce préparée. Enfin, on peint au vernis noir les bords des verres; il n'est pas nécessaire de
les encadrer. Quelques personnes ont employé, en guise de
préservatifs, de l'huile, des solutions de potasse caustique, du
sel commun, de l'alun, du chlorure de chaux, du sublimé
corrosif, l'arsenic et le sucre, mais cette dernière substance
entre facilement en fermentation. L'eau distillée présente

des inconvénients, parce que, à la longue, il s'y développe une multitude de corpuscules qui troublent l'observation. Quand le corps est très épais, on peut se servir d'un verre de montre recouvert d'un second verre semblable ou plan; toutefois l'observation pourrait être entravée par la convexité du verre, et cette remarque est également applicable aux verres dans lesquels on a creusé des cavités et dont le poli n'est pas toujours parfait. Afin de conserver des objets plus épais, on peut couper, au diamant, des bagues sur un tube de verre cylindrique, les fixer sur une lame avec quelque ciment et les couvrir d'un disque de même diamètre. Au lieu de cire à cacheter noire ordinaire, on a fait usage d'une épaisse préparation d'asphalte qui, toutefois, devient visqueuse sous l'influence de la chaleur. On peut encore se servir de la résine damar ou du copal, soit isolément, soit à l'état de mélange avec du blanc de plomb ou du cinabre. Une composition formée de cire et de résine a aussi été recommandée. Les objets que l'on veut conserver dans un acide (par exemple, des cheveux dans l'acide sulfurique), doivent être renfermés dans une substance inattaquable par les acides. Les corps opaques secs (les préparations injectées), seront coupés en petites portions de grandeur convenable, puis fixés sur un petit morceau de bois plan ou mieux sur une lame de verre, de façon qu'on puisse les observer avec un miroir de Lieberkuhn. On les enduit de vernis et on les abrite contre la poussière au moyen d'une lame de verre mince.

CHAPITRE IV.

DES MICROSCOPES SOLAIRE, A LAMPE, AU GAZ ET PHOTO-ÉLECTRIQUE.

Tous ces microscopes ont cela de commun, qu'au moyen d'une lentille ou d'un système de lentilles, on obtient une image de la même manière qu'avec l'objectif du microscope dioptrique composé; mais cette image, au lieu d'être amplifiée et examinée à travers un oculaire, est reçue sur un écran. Toutefois ils ne se ressemblent pas tous sous le rapport de l'éclairage, car, tandis que le premier est éclairé par la lumière du soleil, les autres le sont par une lumière artificielle. Nous avons vu que l'on peut produire une image amplifiée d'un objet en amenant celui-ci entre la distance focale simple ou double d'une lentille convexe, et que la distance de l'image à la lentille ainsi que sa grandeur, étaient en proportion directe de la proximité de l'objet à la lentille. Donc, plus l'écran sera éloigné, plus l'image qu'elle reçoit sera grande, mais en même temps confuse et sombre; en conséquence, dans ce cas comme pour la longueur du tube du microscope composé, il faut poser une limite à l'éloignement de l'écran si l'on veut avoir une image distincte.

Pour *le microscope solaire (microscopium solare)*, un

Fig. 18.

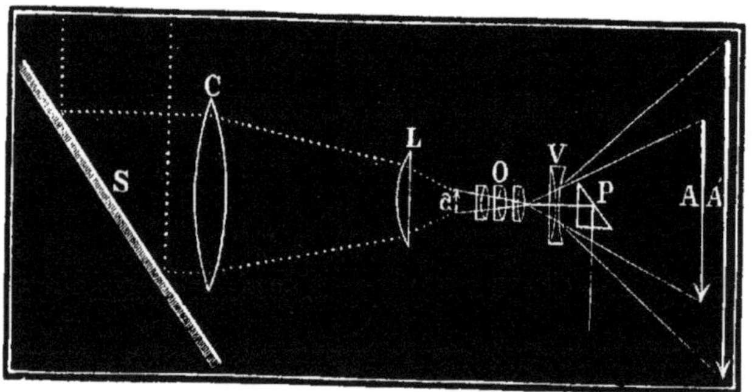

miroir plan mobile S, est placé en dehors de la croisée et reçoit les rayons directs du soleil. Comme on ne peut se servir que de ces rayons avec ce microscope, il vaut mieux que la croisée soit exposée au Sud. De ce miroir, les rayons sont réfléchis sur une grande lentille bi-convexe C, fixée à la fenêtre de la chambre qui doit être complètement obscure. La lentille concentre les rayons en son foyer, et afin d'augmenter cette action, on fait usage d'une seconde lentille bi-convexe ou plano-convexe L. Ces verres sont ajustés dans un tube conique noirci à l'intérieur. On place l'objet *a* au foyer de la lentille L où il se trouve fortement éclairé. L'image A est alors formée par un objectif O composé de trois lentilles achromatiques qui peuvent être de différentes forces, puis projetée sur un écran situé derrière l'instrument. Si l'on veut former l'image dans un autre lieu, par exemple, sur le parquet ou le plafond de la chambre, on a recours à un prisme **P** qui change la direction des rayons de l'image.

Lieberkuhn fut, en 1738, l'inventeur du microscope solaire ; mais à son appareil manquait une partie essentielle, le miroir réflecteur, et conséquemment il ne lui était possible d'en faire usage que durant une faible partie de la journée ou seulement aussi long-temps que la lentille condensatrice pouvait être dirigée immédiatement vers le soleil. Le miroir réflecteur fut ajouté par Cuff, qui lui donna en même temps la mobilité nécessaire pour qu'on pût maintenir un éclairage invariable et fixer l'image en un seul et même point, par exemple, quand on veut la dessiner ; car la terre changeant peu à peu de position par rapport au soleil, il en est de même de celle de l'image, nous devons donc la poursuivre continuellement avec le miroir. Quand on veut rendre le mouvement du réflecteur très régulier, on peut se servir d'un héliostat construit de manière que le miroir est entraîné par un mouvement de pendule et suit exactement la marche apparente du soleil. Au lieu du miroir de verre, Euler en employait un de métal. En 1768, Gleichen appliqua la chambre obscure au microscope dans le but de dessiner les objets.

Charles-Chevalier a rendu la plus petite lentille mobile dans le tube conique, afin de varier le foyer des rayons et d'atténuer leur puissance. Ainsi que dans le microscope composé, ceci est très important lorsqu'on agit sur des corps très transparents ; toutefois, les objets peuvent être brûlés par les rayons fortement concentrés ; les animaux vivants sont tués par la chaleur et les corps humides se dessèchent.

Martin fut le premier à appliquer une lentille objective

achromatique (1), on fit ensuite usage d'un objectif composé de plusieurs lentilles vissées les unes sur les autres. On peut employer le même objectif dont on se sert pour le microscope composé, mais il peut arriver que les lentilles soient endommagées par la forte chaleur quand les deux verres qui produisent l'achromatisme sont collés avec du baume de Canada. Afin de faire diverger encore plus les rayons, et, par suite, de grossir l'image sans qu'il soit nécessaire d'éloigner l'écran qui la reçoit, Charles-Chevalier a placé une lentille concave achromatique **V**, derrière l'objectif. Ainsi qu'on peut le voir sur la figure 18, l'image **A'**, dont les rayons sont rendus plus divergents par la lentille plano-concave **V**, est plus grande que l'image **A** formée seulement par l'objectif **O**.

La surface qui reçoit l'image est le mur de la chambre quand il est blanc et uni, ou bien un châssis de bois tel que celui d'un miroir, sur lequel on a tendu une feuille de papier blanc. L'image peut alors être dessinée par l'observateur placé derrière le châssis et suivant ses contours sur le revers du papier. Mais comme ce dernier cède à la pression, il vaut mieux recevoir l'image sur une lame de verre à la face postérieure de laquelle on fixe le papier. Le mur ne doit pas être trop éloigné de l'objectif, surtout quand on veut dessiner l'image, parce que l'éclairage serait plus faible et les contours moins distincts.

Lorsqu'on se sert du microscope solaire, on fait tomber les rayons solaires sur le miroir et on les concentre au

(1) Si Martin a fait usage d'une lentille achromatique, elle n'était pas assez puissante ; l'art de construire des lentilles vraiment achromatiques et à court foyer, ne date que de l'année 1823. (Voir *Manuel du Micrographe*).

C.-C.

moyen des deux grandes lentilles dont nous avons parlé. L'objet, posé sur une lame de verre, est placé dans une pince fixée au corps qui porte les lentilles. La lame de verre est disposée verticalement et l'objet doit y être fixé de manière à ne pas tomber vers la platine inférieure; il vaut donc mieux le placer entre deux verres. On l'amène alors au foyer des rayons, ou bien à une petite distance de ce point, pour éviter la trop grande chaleur. Il doit en même temps se trouver un peu au-delà du foyer de l'objectif, et l'on obtient ce résultat, comme avec le microscope composé, soit en faisant mouvoir la platine, soit l'objectif. Les observations précédentes sont applicables au microscope solaire lorsqu'on lui soumet des corps transparents. Le miroir de Lieberkuhn doit être employé pour les objets opaques. Dans le but de produire un objectif achromatique, Brewster a encore fait usage de lentilles combinées avec des fluides. L'objet est plongé dans le fluide et amené au foyer de la lentille. Goring a substitué un miroir concave à l'objectif et s'est aussi servi d'un microscope composé en guise d'objectif.

Comme l'objectif ne peut pas toujours être éclairé par les rayons distincts du soleil, Adams l'ancien (**1771**) remplaça la lumière solaire par une lampe; la partie optique de cet instrument, qui portait le nom de *microscope à lampe*, était la même que celle du microscope solaire. Ce même Adams fit l'application de la chambre obscure. Mais ce microscope a été abandonné parce que la lumière était trop faible pour les forts grossissements. *Le microscope à gaz* est toujours usité. La partie optique est disposée comme celle du microscope solaire, il n'y a que le miroir réflecteur qui puisse être supprimé.

L'éclairage est emprunté à la lumière de Drummond, produite par la combustion des gaz oxygène et hydrogène projetés sur une sphère de chaux que renferme une petite boîte quadrangulaire dans laquelle arrivent les gaz engendrés par deux gazomètres. On doit prendre des précautions en mélangeant et en allumant les gaz. Lorsque la lumière a été concentrée par une lentille sur l'objet, l'image est formée par l'objectif et reçue sur un écran. Une lumière plus éclatante peut être obtenue au moyen d'un courant électrique produit par une batterie voltaïque et qui passe entre deux pointes de charbon. La combinaison optique de ce *microscope photo-électrique* est semblable à celles que nous avons déjà décrites (1).

Tous ces microscopes ne sont pas applicables à des recherches spéciales, mais on peut les employer à d'intéressantes exhibitions publiques devant de nombreux spectateurs. Ils se rencontrent d'habitude entre les mains d'artistes ambulants, qui étonnent souvent le public par les formes colossales qu'ils projettent sur une muraille, bien que l'amplification soit obtenue aux dépens de la netteté. Et puis, ainsi qu'on l'a vu, le choix des objets est très limité, en raison de ce qu'un fort petit nombre d'entre eux est capable de supporter la chaleur. Les diverses pièces de l'appareil sont d'un prix assez élevé, exigent un grand emplacement, et il faut sacrifier beaucoup de temps à la préparation des gaz.

(1) Les verres achromatiques concaves et convexes de cet appareil sont les mêmes que ceux que j'emploie pour mon microscope solaire ; j'ai construit le premier microscope photo-électrique, d'après les dessins de M. Foucault.　　　　　　　　　　　　　　　C.-C.

CHAPITRE V.

LE MICROSCOPE COMPOSÉ CATADIOPTRIQUE.

Ce microscope diffère tellement du microscope composé dioptrique, que l'objectif formé de lentilles dans ce dernier, est remplacé dans l'autre par un miroir concave qui donne une image amplifiée de l'objet. Cette image est observée avec un oculaire semblable à celui de l'instrument dioptrique. Afin de faire comprendre l'action du miroir concave, nous allons rappeler quelques préceptes de catoptrique ou les principes de la réflection des rayons lumineux.

Quand un rayon de lumière tombe sur la surface polie d'un corps opaque, sa marche progressive est interrompue, il est renvoyé par le corps réfléchissant que l'on nomme un *miroir*. Si les rayons frappent perpendiculairement sa surface, ils sont réfléchis dans la même direction ; lorsqu'au contraire, ils tombent obliquement sur le miroir, les rayons réfléchis font avec la perpendiculaire à la surface, un angle égal à celui qu'ils font avec cette perpendiculaire

en tombant sur le miroir ; ou, en d'autres termes, l'angle
de réflection est égal à l'angle d'incidence. Cette loi régit
toutes les surfaces réfléchissantes planes et courbes, car,
dans le dernier cas, la grandeur de l'angle est déterminée
par la perpendiculaire qui coïncide avec le rayon de la
courbe auquel la tangente est perpendiculaire. Si nous

Fig. 19.

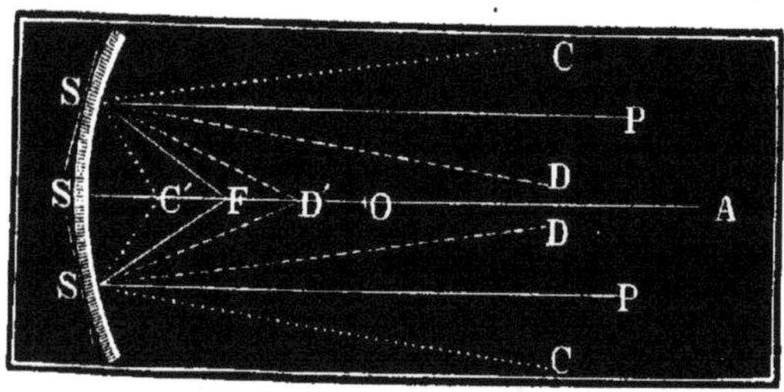

supposons que les rayons **PS,AS,PS,** parallèles au rayon
OS, tombent sur un miroir concave, le rayon AS sera réfléchi dans la même direction perpendiculaire que celle de
son incidence. Les rayons **PS,PS,** sont réfléchis sous un
angle égal à l'angle d'incidence formé par les tangentes per-
pendiculaires aux rayons OS,OS ; ils se rencontrent en un
point placé entre la surface concave et son centre **O.** Ce
point **F,** sur lequel sont réfléchis les rayons parallèles,
porte le nom de *foyer du miroir.* Il est situé au milieu du
rayon de courbure, et sa distance au réflecteur est *la distance focale du miroir.* Si les rayons **DS,DS,** qui tombent
sur un miroir concave, sont divergents, ils sont réfléchis
vers un point **D′,** entre le miroir et son centre, mais ce
point est plus éloigné du miroir que le foyer des rayons
parallèles. Plus le point lumineux s'approche du centre de
courbure, plus aussi le point de convergence s'en rap-

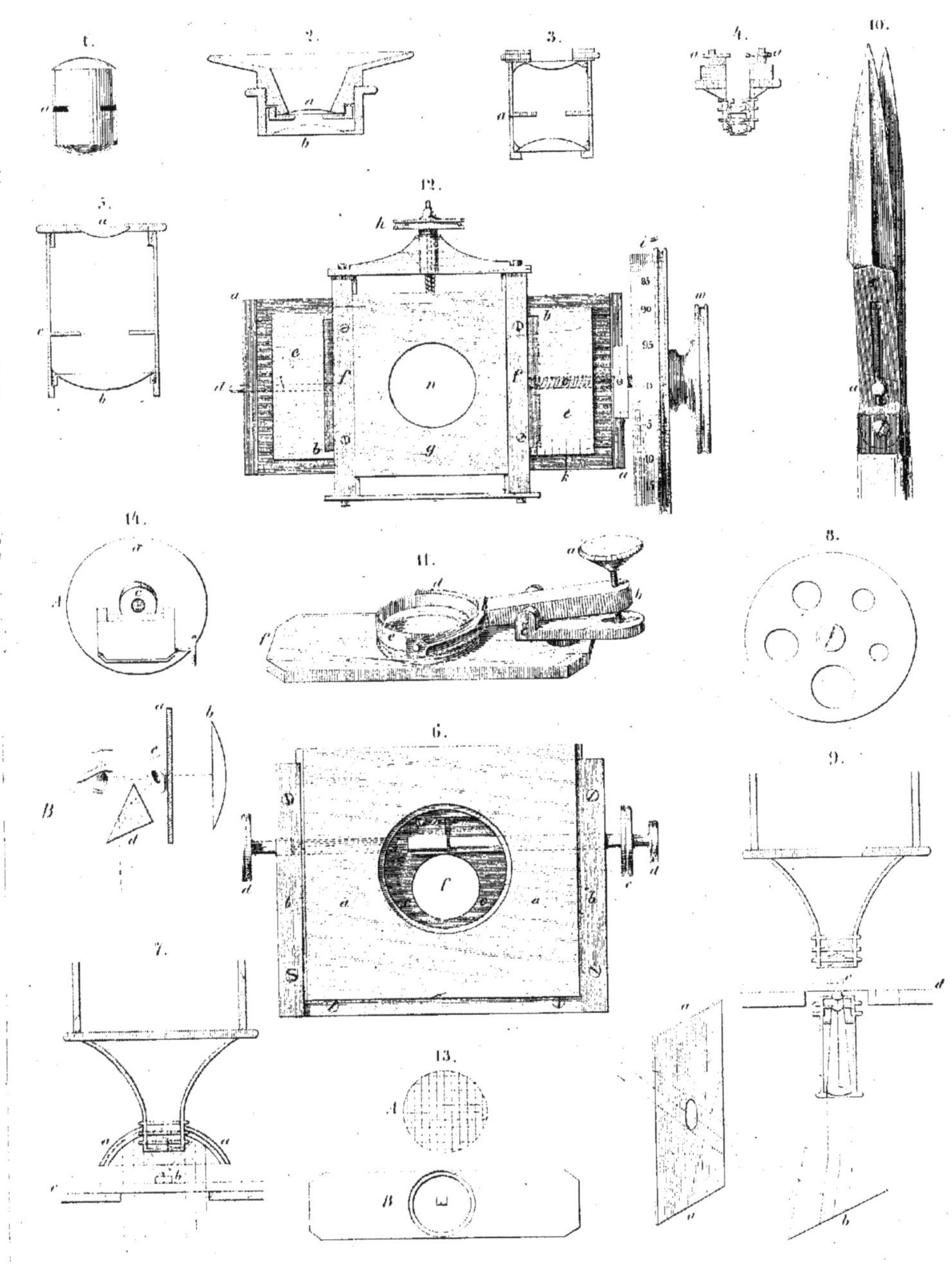

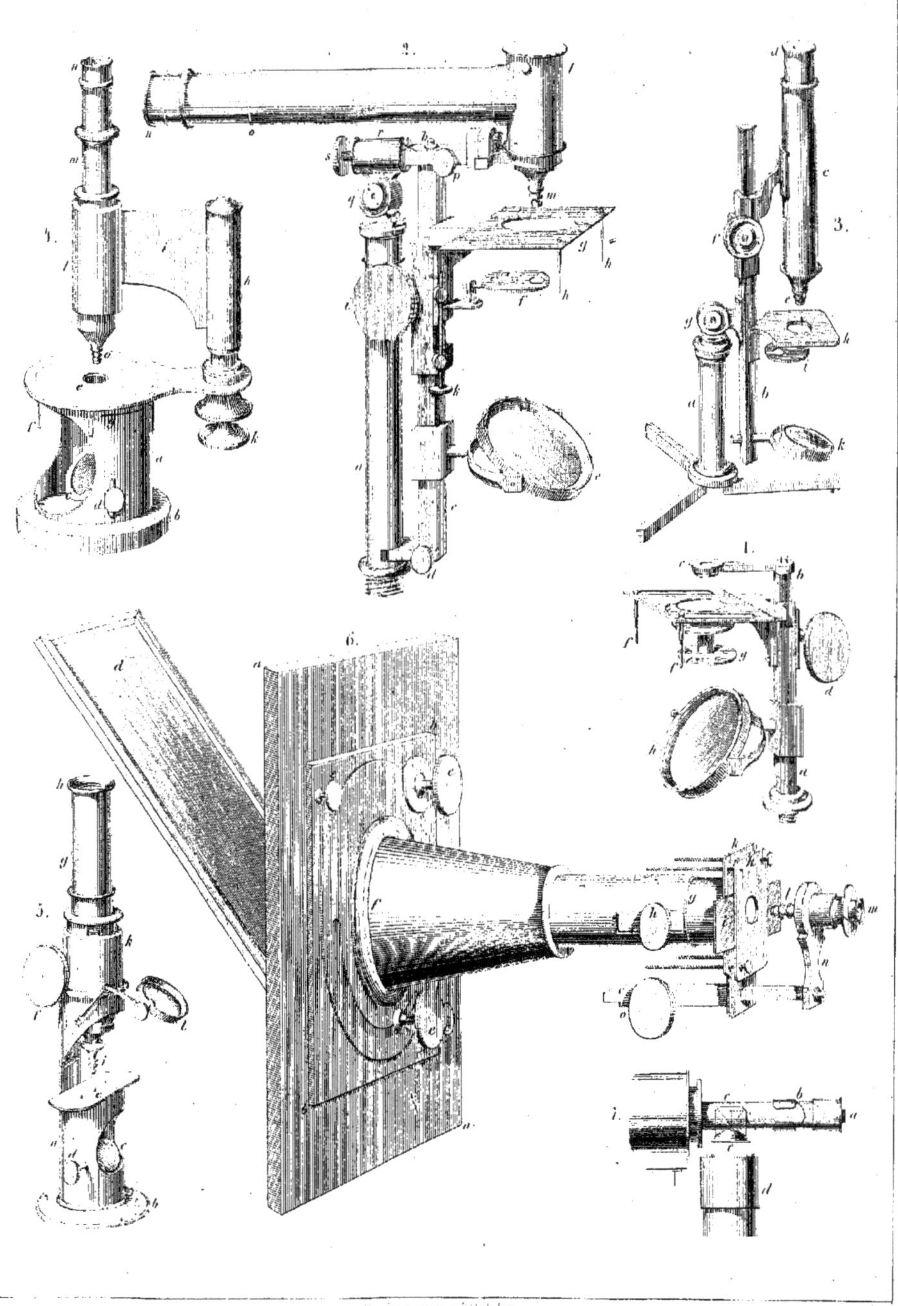

BAROMÈT[...]

S MESURES QUI SONT EMPLO[...]

HANNOVER (DE COPENH[...]

Pouce anglais.	Millimètre.	Ligne de Paris.	de [...]	Ligne de Vienne.	Ligne du Rhin.
864248	2,195149	0,973101	52	1,157076	1,165364
07778	1,9756	0,8758	4	1,0414	1,0488
06914	1,7561	0,7785	8	0,9257	0,9323
06050	1,5366	0,6812	2	0,8100	0,8158
05185	1,3171	0,5839	6	0,6942	0,6992
043[illegible]	1,0976	0,4866	0	0,5785	0,5827
03[illegible]	0,8781	0,3892	4	0,4628	0,4661
02593	0,6585	0,2919	8	0,3471	0,3496
01728	0,4390	0,1946	2	0,2314	0,2331
00864	0,2195	0,0973	6	0,1157	0,1165
00778	0,1976	0,0876	3	0,1041	0,1049
00691	0,1756	0,0778	1	0,0926	0,0932
00605	0,1537	0,0681	3	0,0810	0,0816
00519	0,1317	0,0584	6	0,0694	0,0699
00432	0.1098	0,0487	8	0,0579	0,0583
00346	0,0878	0,0389	0	0,0463	0,0466
00259	0.0659	0,0292	8	0,0347	0,0350
00173	0,0439	0,0195	5	0,0231	0,0233
00086	0,0220	0,0097	3	0,0116	0,0117
00078	0,0198	0,0088	1	0,0104	0,0105
00069	0,0176	0,0078	0	0,0093	0,0093
00060	0,0154	0,0068	9	0,0081	0,0082
00052	0,0132	0,0058	8	0,0069	0,0070
00043	0,0110	0,0049	6	0,0058	0.0058
00035	0,0088	0,0039	5	0,0046	0,0047
00026	0,0066	0,0029	4	0,0035	0,0035
00017	0,0044	0,0019	3	0,0023	0,0023
00009	0,0022	0,0010	1	0,0012	0,0012
000078	0,00198	0,00088	01	0,00104	0,00105
000069	0,00176	0,00078	90	0,00093	0,00093
000060	0,00154	0,00068	79	0,00081	0,00082
000052	0,00132	0,00058	68	0,00069	0,00070
000043	0,00110	0,00049	56	0,00058	0,00058
000035	0,00088	0,00039	45	0,00046	0,00047
000026	0,00066	0,00029	34	0,00035	0,00035
000017	0,00044	0,00019	23	0,00023	0,00023
000009	0,00022	0,00010	11	0,00012	0,00012

[...] mètre français = 135,1142 ligne[s] de Prusse et j'ai pris pour base cette
[...] grandeur pour trouver les autres au pied de Prusse et de Danemarck,
[...] qui n'est pas employé dans la m[...]
   En combinant une grandeur a[...] de la multiplication et de la division,
[...] on trouvera leur correspondance [...]terminer plus exactement la sixième
[...] décimale, il faudrait naturelleme[...]

[...]treville et C°, r. N°-des-Bons-Enfants,3.

PALAIS-ROYAL, 158, A PARIS.

TABLEAU MICROMÉTRIQUE

POUR SERVIR À LA COMPARAISON ET À LA RÉDUCTION DES DIVERSES MESURES QUI SONT EMPLOYÉES DANS LA MICROMÉTRIE MICROSCOPIQUE

PAR LE DOCTEUR ADOLPHE HANNOVER (DE COPENHAGUE).

Millimètre	Ligne de Paris	Ligne de Vienne	Ligne du Rhin	Pouce anglais
1	0,443296	0,455550	0,458813	0,0398708
0,9	0,3990	0,4100	0,4129	0,03588
0,8	0,3546	0,3644	0,3671	0,03190
0,7	0,3103	0,3189	0,3212	0,02756
0,6	0,2660	0,2733	0,2753	0,02362
0,5	0,2216	0,2278	0,2294	0,01969
0,4	0,1773	0,1822	0,1835	0,01575
0,3	0,1330	0,1367	0,1376	0,01181
0,2	0,0887	0,0911	0,0918	0,00787
0,1	0,0443	0,0456	0,0459	0,00394
0,09	0,0399	0,0410	0,0413	0,00354
0,08	0,0355	0,0364	0,0367	0,00315
0,07	0,0310	0,0319	0,0321	0,00275
0,06	0,0266	0,0273	0,0275	0,00236
0,05	0,0222	0,0228	0,0230	0,00197
0,04	0,0177	0,0182	0,0184	0,00157
0,03	[illegible]	[illegible]	[illegible]	[illegible]
0,02	[illegible]	[illegible]	[illegible]	[illegible]
0,01	[illegible]	[illegible]	[illegible]	[illegible]
0,009	[illegible]	[illegible]	[illegible]	[illegible]
0,008	[illegible]	[illegible]	[illegible]	[illegible]
0,007	[illegible]	[illegible]	[illegible]	[illegible]
0,006	[illegible]	[illegible]	[illegible]	[illegible]
0,005	[illegible]	[illegible]	[illegible]	[illegible]
0,004	[illegible]	[illegible]	[illegible]	[illegible]
0,003	[illegible]	[illegible]	[illegible]	[illegible]
0,002	0,00009	0,00009	0,00009	0,000008
0,001	0,00004	0,00005	0,00005	0,000004

Block 2 — argument: Ligne de Paris

Ligne de Paris	Ligne de Vienne	Ligne du Rhin	Pouce anglais	Millimètre
1	1,027043	1,035003	0,0888138	2,255829
0,9	0,9249	0,9315	0,07993	2,0302
0,8	0,8221	0,8280	0,07105	1,8047
0,7	0,7194	0,7245	0,06217	1,5791
0,6	0,6166	0,6210	0,05329	1,3535
0,5	0,5138	0,5175	0,04441	1,1279
0,4	0,4111	0,4140	0,03553	0,9023
0,3	0,3083	0,3105	0,02664	0,6767
0,2	0,2055	0,2070	0,01776	0,4512
0,1	0,1028	0,1035	0,00888	0,2256
0,09	0,0925	0,0932	0,00799	0,2030
0,08	0,0822	0,0828	0,00711	0,1805
0,07	0,0719	0,0725	0,00622	0,1579
0,06	0,0617	0,0621	0,00533	0,1353
0,05	0,0514	0,0518	0,00444	0,1126
0,04	0,0411	0,0414	0,00355	0,0902
0,03	[illegible]	[illegible]	[illegible]	[illegible]
0,02	[illegible]	[illegible]	[illegible]	[illegible]
0,01	[illegible]	[illegible]	[illegible]	[illegible]
0,009	[illegible]	[illegible]	[illegible]	[illegible]
0,008	[illegible]	[illegible]	[illegible]	[illegible]
0,007	[illegible]	[illegible]	[illegible]	[illegible]
0,006	[illegible]	[illegible]	[illegible]	[illegible]
0,005	[illegible]	[illegible]	[illegible]	[illegible]
0,004	[illegible]	[illegible]	[illegible]	[illegible]
0,003	[illegible]	[illegible]	[illegible]	[illegible]
0,002	0,00021	0,00021	0,000018	0,00045
0,001	0,00010	0,00010	0,000009	0,00023

Block 3 — argument: Ligne de Vienne

Ligne de Vienne	Ligne du Rhin	Pouce anglais	Millimètre	Ligne de Paris
1	1,0071625	0,0864248	2,195149	0,973101
0,9	0,9064	0,07778	1,9756	0,8758
0,8	0,8057	0,06914	1,7561	0,7785
0,7	0,7050	0,06050	1,5366	0,6812
0,6	0,6043	0,05185	1,3171	0,5839
0,5	0,5036	0,04321	1,0976	0,4866
0,4	0,4029	0,03457	0,8781	0,3892
0,3	0,3021	0,02593	0,6585	0,2919
0,2	0,2014	0,01728	0,4390	0,1946
0,1	0,1007	0,00864	0,2195	0,0973
0,09	0,0906	0,00778	0,1976	0,0876
0,08	0,0806	0,00691	0,1756	0,0778
0,07	0,0705	0,00605	0,1537	0,0681
0,06	0,0604	0,00519	0,1317	0,0584
0,05	[illegible]	[illegible]	[illegible]	[illegible]
0,04	[illegible]	[illegible]	[illegible]	[illegible]
0,03	[illegible]	[illegible]	[illegible]	[illegible]
0,02	[illegible]	[illegible]	[illegible]	[illegible]
0,01	[illegible]	[illegible]	[illegible]	[illegible]
0,009	[illegible]	[illegible]	[illegible]	[illegible]
0,008	[illegible]	[illegible]	[illegible]	[illegible]
0,007	[illegible]	[illegible]	[illegible]	[illegible]
0,006	[illegible]	[illegible]	[illegible]	[illegible]
0,005	[illegible]	[illegible]	[illegible]	[illegible]
0,004	[illegible]	[illegible]	[illegible]	[illegible]
0,003	[illegible]	[illegible]	[illegible]	[illegible]
0,002	[illegible]	[illegible]	[illegible]	[illegible]
0,001	[illegible]	[illegible]	[illegible]	[illegible]

Block 4 — argument: Ligne du Rhin

Ligne du Rhin	Pouce anglais	Millimètre	Ligne de Paris	Ligne de Vienne
1	0,0858101	2,173538	0,966197	0,992888
0,9	0,07723	1,9616	0,8696	0,8936
0,8	0,06865	1,7436	0,7730	0,7943
0,7	0,06007	1,5257	0,6763	0,6950
0,6	0,05149	1,3077	0,5797	0,5957
0,5	0,04291	1,0898	0,4831	0,4964
0,4	0,03432	0,8718	0,3865	0,3972
0,3	0,02574	0,6539	0,2899	0,2979
0,2	0,01716	0,4359	0,1932	0,1986
0,1	0,00858	0,2180	0,0966	0,0993
0,09	0,00772	0,1962	0,0870	0,0894
0,08	0,00686	0,1744	0,0773	0,0794
0,07	0,00601	0,1526	0,0676	0,0695
0,06	0,00515	0,1308	0,0580	0,0596
0,05	[illegible]	[illegible]	[illegible]	[illegible]
0,04	[illegible]	[illegible]	[illegible]	[illegible]
0,03	[illegible]	[illegible]	[illegible]	[illegible]
0,02	[illegible]	[illegible]	[illegible]	[illegible]
0,01	[illegible]	[illegible]	[illegible]	[illegible]
0,009	[illegible]	[illegible]	[illegible]	[illegible]
0,008	[illegible]	[illegible]	[illegible]	[illegible]
0,007	[illegible]	[illegible]	[illegible]	[illegible]
0,006	[illegible]	[illegible]	[illegible]	[illegible]
0,005	[illegible]	[illegible]	[illegible]	[illegible]
0,004	[illegible]	[illegible]	[illegible]	[illegible]
0,003	[illegible]	[illegible]	[illegible]	[illegible]
0,002	[illegible]	[illegible]	[illegible]	[illegible]
0,001	[illegible]	[illegible]	[illegible]	[illegible]

Block 5 — argument: Pouce anglais

Pouce anglais	Millimètre	Ligne de Paris	Ligne de Vienne	Ligne du Rhin
0,1	2,539954	1,125853	1,157096	1,165364
0,09	2,2860	1,0134	1,0414	1,0488
0,08	2,0320	0,9006	0,9257	0,9323
0,07	1,7780	0,7881	0,8100	0,8158
0,06	1,5240	0,6755	0,6942	0,6992
0,05	1,2700	0,5629	0,5785	0,5827
0,04	1,0160	0,4503	0,4628	0,4661
0,03	0,7620	0,3378	0,3471	0,3496
0,02	0,5080	0,2252	0,2314	0,2331
0,01	0,2540	0,1126	0,1157	0,1165
0,009	0,2286	0,1013	0,1041	0,1049
0,008	0,2032	0,0901	0,0926	0,0932
0,007	0,1778	0,0788	0,0810	0,0816
0,006	[illegible]	[illegible]	[illegible]	[illegible]
0,005	[illegible]	[illegible]	[illegible]	[illegible]
0,004	[illegible]	[illegible]	[illegible]	[illegible]
0,003	[illegible]	[illegible]	[illegible]	[illegible]
0,002	[illegible]	[illegible]	[illegible]	[illegible]
0,001	[illegible]	[illegible]	[illegible]	[illegible]

Ce tableau est composé dans le but de réduire et comparer les diverses mesures qui sont employées dans la micrométrie. Quoique même pour la micrométrie le mètre français et ses subdivisions soient préférables à toutes les autres mesures vu les avantages qu'offre le système décimal, avantages qu'il n'est pas à propos de détailler ici, mais qui certainement par la suite rendront à ce système la première place, la table ci-jointe semble nécessaire à l'égard des mesures et des observations déjà existantes, tant que le défaut d'accord est aussi grand dans la science que dans la vie civile, tant que celle-ci n'est pas encore conduite par la science à une plus grande simplicité.

La plupart des grandeurs est fixée d'après les annales de 1840 de M. Schumacher, où j'ai trouvé les indications suivantes : 1 mètre français = 443,296 lignes de Paris = 3,186196657 pieds de Prusse et de Danemarck = 39,37079 pouces anglais, 1 pied de Paris = 0,32483985 mètre français = 1,03570284 pied de Prusse et de Danemarck = 12,789168 pouces anglais, 1 pied de Prusse et de Danemarck = 0,31385347 mètre français = 0,96618456 pied de Paris = 1,08979158 pied anglais, 1 pied anglais = 0,30479449 mètre français = 135,1146 lignes de Paris = 0,97418415 pied de Prusse et de Danemarck. J'ai trouvé le pied de Vienne = 1,0373 pied de Prusse et j'ai pris pour base cette grandeur pour retrouver les autres mesures, y comparées. — D'après les expressions de M. Bessel, l. c., p. 154, j'ai supposé le pied du Rhin égal au pied de Prusse et de Danemarck, qui n'est pas employé dans la micrométrie.

En combinant une grandeur avec l'autre, comme on peut le faire pour servir d'épreuve de la justesse des mesures indiquées, par le moyen de la multiplication et de la division, on trouvera leur correspondance jusqu'à la sixième ou septième décimale ; si l'on avait besoin de plus de six décimales ou si l'on voulait déterminer plus exactement la sixième décimale, il faudrait naturellement de la même manière continuer chercher la septième ou huitième décimale, etc.

Paris, imp. E. Simon Dautreville et Cie, r. N.-des-Deux-Boules, 4.

CHEZ CHARLES CHEVALIER, PALAIS-ROYAL, 163, À PARIS.

proche, et quand le point lumineux est précisément au centre de courbure, il coïncide avec le lieu de convergence. Si le point lumineux se trouve entre le centre de courbure et le foyer, les rayons convergent au-delà du centre et sont réfléchis comme des rayons parallèles partant du foyer. Enfin, lorsque les rayons convergents CS, CS, tombent sur un miroir concave, ils sont réfléchis et convergent vers un point C′, entre le miroir et son foyer, et ils se trouvent dans la condition de rayons parallèles émanés d'une distance considérable. Nous trouvons ici une analogie complète avec la réfraction des rayons lumineux (voir fig. 7, p. 19), et l'analogie est aussi évidente dans la manière dont agit le miroir concave pour produire une image amplifiée d'un objet. Soit, par exemple, l'objet *a b*

Fig. 20.

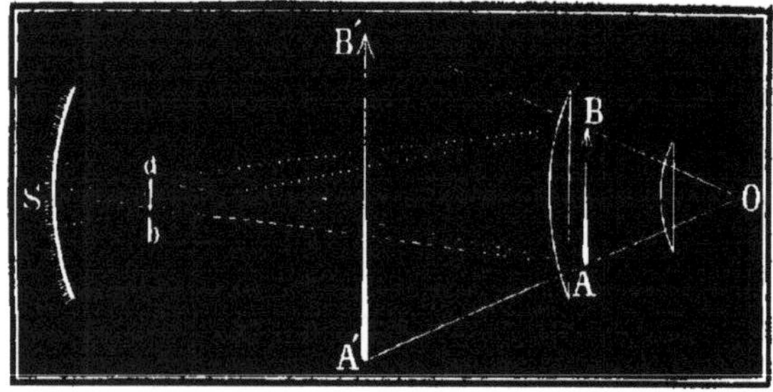

situé un peu au-delà du foyer; un rayon *a* S, parti de *a*, sera réfléchi sous un angle *a* S *b* vers un point A, et de la même manière, le rayon allant du point *b* au point B en passant par le miroir concave, il se formera une image A B de l'objet *a b*, beaucoup plus grande que ce dernier et en même temps renversée. (V. fig. 14, p. 37). Actuellement cette image, observée à travers les deux lentilles de l'oculaire, paraîtra agrandie suivant **OA** et **OB**, en **A′B′**. (V. fig. 16, p. 46).

Un microscope ainsi construit prend le nom de *microscope réflecteur (microscopium catadioptricum)*. Ce fut Newton qui, en 1679, suggéra la première idée de sa construction, mais Baker paraît être le premier qui l'exécuta. Après lui, vinrent Smith (1738) et **W.** Herschel (1774) ; plus tard Amici perfectionna l'appareil, et Doppler (1845) recommanda de nouveau l'emploi des miroirs ellipsoïdes exécutés par Amici.

Le miroir concave est construit en métal, en argent ou en alliage d'argent, en cuivre, en étain ou en platine (1). Un miroir concave de verre ne donnerait pas une image nette, parce que la réflection s'opère sur les deux surfaces. Suivant que la courbure du miroir est plus ou moins prononcée, l'image est plus ou moins grande, et de même qu'avec les lentilles convexes, l'intensité de la lumière et l'étendue du champ de vue décroissent en proportion du pouvoir amplifiant ou de la plus forte courbure du réflecteur. On trouve le pouvoir grossissant du miroir concave, en divisant la distance de la vision distincte par la distance focale.

Les autres parties du microscope réflecteur sont absolument semblables à celles de l'instrument dioptrique composé. Au lieu de mettre l'objet verticalement devant le miroir et dans le même tube, Amici place obliquement un miroir métallique plan devant le miroir concave. L'objet, situé horizontalement sur la platine, est réfléchi par ce

______

(1) Ces miroirs sont formés avec l'alliage de cloches, composé d'étain, de cuivre rouge et d'arsenic ; les autres métaux ne réfléchissent pas suffisamment la lumière.

C.-C.

miroir plan. L'objet se trouve donc en dehors du tube et peut être ajusté plus commodément. Mais cette double réflection entraîne la diminution de l'éclairage, due encore en partie à ce que le miroir plan intercepte une portion des rayons lumineux qui se dirigent sur le miroir concave. En raison de la faible courbure de ses miroirs concaves, Amici ne pouvait obtenir une forte amplification des objets, qu'en ayant recours à de puissants oculaires qui rétrécissaient encore le champ de vue et diminuaient la lumière et la netteté de l'image. En conséquence, Goring et Cuthbert augmentèrent la courbure du réflecteur concave. Le plus puissant avait une distance focale de trois dixièmes de pouce ; mais il résultait de là l'inconvénient d'être forcé de placer l'objet si près du miroir, qu'il se trouvait dans le tube du microscope et que la lumière était très faible.

Le microscope réflecteur ne conserva la vogue que pendant un temps fort court. On avait fondé de grandes espérances sur ce fait que l'on pouvait détruire l'aberration chromatique, parce que les rayons lumineux n'étaient que réfléchis et non réfractés comme par les lentilles de verre ; mais ceci se passait précisément à une époque où l'on ignorait l'art de produire l'achromatisme par l'association des lentilles. Plus tard, il obtint de nouveaux succès sous le patronage d'Amici. Lors même que l'on peut annihiler l'aberration chromatique, l'aberration sphérique subsiste toujours, car il est aussi difficile de travailler exactement des miroirs concaves, que de faire des lentilles. En outre, les miroirs perdent aisément leur poli, de manière que le microscope entier est hors d'usage. On ne peut grossir puissamment des objets avec cet instrument, qu'au moyen de très forts oculaires, et quand on veut en éviter l'emploi et se servir de miroirs concaves très puissants, il devient difficile de faire mouvoir l'objet, parce qu'il se trouve trop près, ou même, veut être placé à l'intérieur du tube. Il est aussi moins applicable que le microscope dioptrique composé, à l'étude des corps opaques. Peut-être le prix du microscope réflecteur pourra-t-il être abaissé si l'on construit les miroirs concaves par les procédés voltatypes ; mais il n'est guère probable qu'il soit jamais d'un usage aussi général que le microscope dioptrique composé.

EXPLICATION DES PLANCHES.

PLANCHE 1.

Fig. 1. **A.** *Lentille cylindrique* avec un diaphragme *a* et dont les surfaces ont des courbures égales (p. 30).

Fig. 2. Section d'un *doublet* de Charles-Chevalier. *a* et *b*, les deux lentilles dont les faces planes sont tournées inférieurement vers l'objet (p. 31).

Fig. 3. Section de la *lentille de Wilson*. Les lentilles dont les convexités sont tournées l'une vers l'autre, sont renfermées dans un tube de laiton avec un diaphragme *a* (p. 32).

Fig. 4. Section d'un *objectif* formé de trois lentilles achromatiques vissées les uns sur les autres. On le fixe au moyen de deux pièces *a a* qui sont reçues dans deux échancrures pratiquées dans le tube du microscope (p. 44).

Fig. 5. Section d'un *oculaire double*. *a* lentille oculaire, *b* verre de champ, *c* diaphragme (p. 47).

Fig. 6. *Platine* mobile. La platine supérieure *a a* est mue en avant et en arrière par la vis *d d*; cette plaque est ajustée dans le cadre *b b* qui est déplacé latéralement par la vis *e*. La plaque inférieure *c c* est fixe. En tournant simultanément les vis *d* et *e*, les plaques se meuvent diagonalement. *f* ouverture qui donne passage à la lumière venant d'en bas (p. 56).

Fig. 7. Section du *miroir de Lieberkuhn*. *a a* miroir concave qui reçoit les rayons lumineux du miroir réflecteur, et les renvoie sur l'objet *b* placé sur une lame de verre *c* posée sur la platine. L'objectif est placé vers le centre du miroir (p. 59).

Fig. 8. *Diaphragme* mobile à ouvertures de différentes grandeurs (p. 60).

Fig. 9. *Appareil d'éclairage de Dujardin*. Les rayons de lumière, dont on peut régler la quantité au moyen de l'ouverture de l'écran *a a*, tombent d'abord sur le prisme *b*, puis sont concentrés par trois lentilles réunies dans un tube et placées sous la platine avant d'être dirigés sur l'objet *c* porté par une lame de verre *d* (p. 61).

Fig. 10. *Scalpel double de Valentin*. *a* verrou ou vis destinée à fixer les lames à des distances variées (p. 64).

Fig. 11. *Compressorium de Schick*. Au moyen de la vis *a*, on soulève une extrémité du levier *b* mobile sur l'axe *c*; l'autre extrémité bifurquée *d*, est abaissée avec l'anneau *e* mobile dans la bifurcation et qui porte un verre plan; le porte-objet est fixé dans la plaque de laiton inférieure *f* (p. 67).

Fig. 12. *Le micromètre à vis*. Dans la plaque carrée à coulisses *a a*, fixée à vis sur la platine, une règle de laiton *b b* est mue latéralement par la vis micrométrique *c*, et son mouvement dans un même sens est réglé par la broche *d* qui traverse le côté opposé de la plaque. Sur la règle métallique *b b*, est vissée une plaque plus large et plus mince *e e*, sur laquelle se trouve le cadre *f f* dans lequel est ajusté la plaque *g* qui marche en avant et en arrière à l'aide de la vis *h*. Ces différentes plaques, fixées les unes aux autres, sont entraînées latéralement par la vis micrométrique *c* dont la tête *i* est divisée en cent parties égales; les tours simples sont indiqués par la plaque *k*, et les fractions, en les comparant au vernier *l* dont dix parties sont égales à neuf divisions de la tête de la vis. La tête *i* se meut librement; avant de mesurer, il faut en fixer le zéro vis-à-vis de celui du vernier, et alors la tête est assujettie par la vis *m*. *n* est l'ouverture pratiquée dans les plaques pour donner passage à la lumière qui vient

d'en bas. Un disque rotatoire peut être adapté à la plaque *g*
(p. 106).

Fig. 13. *Deux micromètres sur verre.* A plaque de verre divisée en carrés, B représente un millimètre divisé en cent parties sur une lame de verre fixée dans un glissoir de laiton
(p. 110).

Fig. 14. *Miroir perforé d'Amici.* A, vue de face; B, vue de
côté. Sur la plaque *a* placée devant l'oculaire *b*, un miroir *c*
est fixé dans une position oblique. Ce miroir est percé dans
son centre d'une ouverture circulaire qui laisse voir directement l'objet, tandis que le papier et la main qui dessine,
sont réfléchis. Le prisme *d* sert à détruire la confusion produite par le renversement de l'image (p. 128).

PLANCHE 2.

MODÈLES DES MICROSCOPES LE PLUS GÉNÉRALEMENT EMPLOYÉS AUJOURD'HUI.

Fig. 1. *Microscope simple de Charles-Chevalier.* *a* colonne
solidement vissée sur la boîte qui renferme le microscope;
elle supporte la tige *b* qui porte un doublet *c* dans un anneau
et qui s'élève ou s'abaisse au moyen d'une crémaillère et d'un
pignon à tête *d*. Sur la platine fixe *e* se trouvent deux presses
f f, et en-dessous, le diaphragme *g* et le miroir réflecteur *h*
qui peut se mouvoir dans tous les sens.

Fig. 2. *Microscope composé de Charles-Chevalier.* *a* colonne
solidement fixée sur la boîte du microscope et portant fixée à
la traverse *b* la tige carrée perpendiculaire *c* maintenue contre la colonne par une broche *d*. A la partie inférieure de la
colonne est adapté le miroir réflecteur *e*, au-dessus duquel se
trouve le diaphragme *f* que l'on peut tourner sur le côté
quand on ne veut pas s'en servir. Au-dessus de ce dernier est
la platine *g*, garnie de deux presses *h h*; elle est mue, d'une part,
à l'aide d'une crémaillère et d'un pignon situé derrière la tige

et dont la tête se voit en *i*, de l'autre, au moyen d'une vis fine *k*. A l'extrémité antérieure de la traverse *b*, est placée la partie optique du microscope, c'est-à-dire le tube et le prisme *l* dans le coude (que l'on enlève quand on place l'instrument dans la position verticale), l'objectif *m* et l'oculaire *n*. Le tube s'allonge en *o* et tout l'appareil optique peut être enlevé en retirant une broche fixée à la tête *p*. La tige carrée avec l'appareil qu'elle supporte, peut pénétrer sur *q* et sur *r* de manière que la platine et le miroir réflecteur viennent se placer au-dessous du tube ainsi que l'objectif et l'oculaire.

Fig. 3. *Microscope composé de Schiek et Plôssl. a* colonne supportée par un trépied que l'on peut munir de vis calantes. A cette colonne est fixée la tige triangulaire *b* sur laquelle se meuvent le tube du microscope *c*, l'oculaire *d* et l'objectif *e*, au moyen d'une crémaillère et d'un pignon fin dont la tête est visible en *f*. Cette tige et le tube peuvent être tournés directement vers la lumière si on les fait pivoter sur l'articulation *g*. La tige porte en outre, la platine *h*, le diaphragme *i* et le miroir réflecteur *k*.

Fig. 4. *Microscope composé de Oberhauser. a* cylindre creux porté sur un pied lourd *b* et contenant le miroir réflecteur *c* que la vis *d* fait mouvoir. Sur le cylindre est adaptée la platine *e* mobile sur son axe et munie de différents petits tubes *f* qui permettent d'appliquer les lentilles de Selligue, des presselles, etc. Sous la platine se trouve le diaphragme *g*. Sur un diamètre prolongé de la platine est fixée la colonne *h*, formée d'un cylindre plein placé entre deux cylindres creux et qui permet de donner un mouvement latéral en tournant la pièce *i* avec la partie optique du microscope en dehors de la platine, tandis qu'avec la vis *k* on obtient une mise au point délicate. Dans le tube *l* se meut verticalement le tube *m* avec l'oculaire *n* et l'objectif *o*, soit à simple frottement, soit au moyen d'un engrenage fin. Le tube est composé de plusieurs parties qui glissent les unes dans les autres (1).

(1) Frauenhofer a construit les premiers microscopes cylindriques de ce genre, mais les lentilles avaient un foyer beaucoup trop long.

C.-C.

Fig. 5. *Modèle plus petit d'un microscope composé de Frauen-hofer*. *a, b, c, d,* comme pour fig. 4, *e* platine immobile; *f,* tête de pignon qui fait marcher le tube *g,* l'oculaire *h* et l'objectif *i* dans le cylindre *k.* La lentille de Selligue *l* peut également être appliquée à cette forme de microscope.

Fig. 6. *Microscope solaire de Charles-Chevalier. a a* châssis de bois adapté à la fenêtre et sur lequel on fixe la plaque de laiton *b b* avec les vis *c c.* Au moyen des vis *e e,* le miroir ré-flecteur *d* peut être mu en différents sens afin de suivre le mouvement apparent du soleil. La plaque de laiton *b b,* porte un tube conique qui reçoit dans sa plus grosse extrémité *f,* la grande lentille condensatrice qui doit réunir les rayons so-laires réfléchis par le miroir. L'extrémité la plus petite est ter-minée par un tube cylindrique, dans lequel glisse en avant ou en arrière, au moyen d'un engrenage *h,* un autre tube *g* qui porte la plus petite lentille condensatrice, et qui permet de modérer la quantité de lumière projetée sur l'objet placé sur la lame *i* et maintenu entre les plaques *k k,* réunies par quatre ressorts en hélice. La partie optique de l'instrument est composée de l'objectif *l* et du verre concave *m* fixés à la pièce verticale *n* et que l'on peut rapprocher ou éloigner de l'objet, par le moyen d'une crémaillère et d'un pignon à tête *o.*

Fig. 7. *Microscope catadioptrique d'Amici,* modifié par Charles-Chevalier. *a* tube contenant le miroir concave *b* et le miroir plan ou le prisme *c. d* cylindre creux fixé sur la platine et qui permet de porter l'objet qu'il supporte plus près ou plus loin de l'ouverture *e* à travers laquelle passe la lumière et où l'on place un miroir de Lieberkuhn afin d'éclairer les objets opaques. Le reste du microscope est tout-à-fait semblable au modèle n° 2, à l'exception de l'objectif et du prisme logé dans le coude.

RAPPORTS SUR DES INSTRUMENTS

INVENTÉS OU CONSTRUITS PAR CHARLES-CHEVALIER.

EXPOSITION DE 1834. — RAPPORT DU JURY.

« M. Charles-Chevalier obtint, en 1827, une médaille d'argent avec son père, M. Vincent-Chevalier, auquel il était alors associé.

» Maintenant M. Charles-Chevalier est à la tête d'un établissement qu'il a formé depuis quelques années. Il expose personnellement divers instruments de physique d'une très bonne exécution ; ses microscopes achromatiques, dont nous connaissons déjà les effets remarquables, ont particulièrement attiré notre attention. Nous les avons comparés avec un excellent microscope d'Amici, le meilleur de ceux qu'on possède à Paris ; nous avons dû reconnaître, non sans étonnement, mais avec une vive satisfaction, que *le microscope de M. Charles-Chevalier est véritablement supérieur à celui d'Amici.*

» On sait que les instruments de ce genre sont indispensables au succès d'une foule de recherches intéressantes ; en ces derniers temps ils ont conduit à de véritables découvertes, soit dans la chimie organique, soit dans l'anatomie végétale ou animale.

» M. CHARLES-CHEVALIER, EN PORTANT LE MICROSCOPE A UN PLUS HAUT DEGRÉ DE PERFECTION, REND AUX SCIENCES UN SERVICE IMPORTANT ; LE JURY LUI DÉCERNE UNE MÉDAILLE D'OR.

» *Rapporteurs* : MM. le baron SÉGUIER, SAVARY et POUILLET.
» Présidence de M. le baron THENARD. »

SOCIÉTÉ ENTOMOLOGIQUE. — (6 AVRIL 1836.)

MÉGAGRAPHE. — « M. Charles-Chevalier présente un nouvel instrument d'optique de l'invention de M. Percheron, et à l'aide duquel on peut dessiner les objets transparents et demi-transparents à tous les degrés de grossissement désirables. Cet instrument, exécuté par M. Chevalier, porte le nom de *mégagraphe*. M. Lefebvre, qui s'était livré de son côté, de concert avec M. Percheron, à la recherche d'un pareil instrument, était parvenu à un résultat semblable par un effet inverse de la lumière. »

M. le professeur Amici, *à MM. Vincent-Chevalier, père et fils.*

Modène, 3 octobre 1826.

« M. Moss vient de me remettre votre obligeante lettre datée du 24 septembre 1825, ainsi que les notices et le mémoire que vous m'avez fait l'honneur de m'adresser. En vous remerciant de ce don, qui m'a été bien agréable, je vous dirai que j'ai appris avec un véritable plaisir que vous soyez parvenus à une parfaite construction des objectifs achromatiques pour les microscopes. Cette partie intéressante de l'optique a été généralement négligée, peut-être à cause des grandes difficultés qu'elle présente, et la science demandait encore que des habiles opticiens s'occupassent de l'amélioration de l'achromatisme dans les lentilles à court foyer. Les naturalistes doivent donc vous savoir bon gré de leur avoir offert, suivant les principes du célèbre Euler, *des microscopes qui l'emportent sur tous les autres dioptriques.*

» J'espère qu'il ne se passera pas long-temps que je pourrai admirer vos instruments à Paris, et j'aurai alors le plaisir de vous montrer quelque petit ouvrage de cette espèce, que j'ai essayé en amateur de construire par moi-même.

» J'ai l'honneur d'être, etc.,

» J.-B. AMICI. »

M. Ehrenberg, *à M. Charles-Chevalier.*

Berlin, le 17 mars 1833.

« Ayant reçu la lettre du 23 février que vous m'avez adressée, l'estime pour votre talent et le talent de M. votre père, m'engagent à vous donner sitôt la réponse souhaitée. Votre microscope m'a été recommandé par M. de Humboldt en 1828, et d'après mes propres recommandations, plusieurs savants de Berlin en ont fait venir de Paris. J'en ai aussi fait acheter par M. Devillers, il y a deux ans. Ainsi nous avons à Berlin quantité de vos précieux travaux. En 1829 et 1830, j'ai terminé, avec votre microscope, la découverte de la parfaite organisation des infusoires que les autres microscopes dont j'avais fait usage, n'avaient pas suffisamment éclairées. Mes observations m'avaient fait présumer qu'il y avait une structure encore plus fine et j'étais très curieux de voir le microscope de Ploësll à Vienne, qu'on disait plus fort que le vôtre ; mais quoique l'augmentation de ce microscope fût vraiment beaucoup plus forte que celle de votre instrument que j'avais à côté, je n'ai pas réussi à en faire un ouvrage lucratif pour mon but, parce que les deux microscopes de Ploësll, du prix de 200 écus, que j'ai examinés à Berlin, avaient un foyer trop court pour l'observation des objets dans l'eau. C'est pourquoi j'ai sollicité MM. Pistor et Schiek de Berlin, d'essayer à construire un microscope à foyer grand comme le vôtre, et à grossissement au moins aussi fort que celui de Ploësll. Aussitôt que M. Schiek eut terminé ce microscope, je découvris la structure des plus petits corps organisés, les dents et plusieurs systèmes des *Kolpodes*, comme je les avais soupçonnés. Voilà le sujet de mon petit traité. Le système des microscopes de Pistor et Schiek est seulement nouveau par les combinaisons des qualités du vôtre et de celui de Ploësll, et je ne doute pas que vous puissiez aller plus loin dans la perfection. L'amplification bien nette du microscope de Schiek et Pistor, l'œil se trouvant à huit pouces de l'objet, est de mille à douze cents fois le diamètre, et en prolongeant le tube, on pourrait avoir un grossissement de trois mille fois le diamètre, mais sans clarté suffisante.

» En cas que vous réussissiez à augmenter le grossissement des verres sans allongement du tube, vous me feriez un grand plaisir de m'envoyer de tels verres pour votre microscope que je possède et dont vous connaissez sans doute les dimensions.

» Je suis toujours à portée d'augmenter mes observations, qui sont seulement bornées par le défaut d'instruments. . . . .

. . . .

» Je suis, avec beaucoup d'estime, Votre très dévoué,

» Ehrenberg. »

M. Becquerel, *vice-président de l'Académie des Sciences,*
à M. Charles-Chevalier.

« J'ai l'honneur de vous prévenir que la commission administrative de l'Académie des Sciences vient de décider que les instruments ci-après désignés seraient acquis pour nos collections :

1º Un Microscope universel ;
2º Un Prisme redresseur ;
3º Un Appareil porte-objet pour la chimie ;
4º Deux Lampes à alcool ;
5º Un Compresseur ;
6º Une Lampe à réflecteur ;
7º Goniomètre oculaire ;
8º Une Machine électro-magnétique de Clarke.

» Vous êtes invité à fournir lesdits objets aussitôt qu'il vous sera possible.

» J'ai l'honneur de vous saluer,

» Signé : Becquerel,
» *Vice-président de l'Académie des Sciences.* »

Paris, 20 décembre 1837.

TABLE DES MATIÈRES.

CHAPITRE III.

CHAPITRE IV.

DES MICROSCOPES SOLAIRE, A LAMPE, AU GAZ, ET PHOTO-
ÉLECTRIQUE.

CHAPITRE V.

PARIS. — IMPRIMERIE SIMON DAUTREVILLE ET Cᵉ,
rue Neuve-des-Bons-Enfants 5.